LE MINISTÈRE

DE

L'INSTRUCTION PUBLIQUE

ET DES CULTES,

DEPUIS

LE 24 FÉVRIER JUSQU'AU 5 JUILLET 1848,

PAR H. CARNOT,

Représentant du peuple.

PARIS.

CHEZ PAGNERRE, LIBRAIRE-ÉDITEUR,

RUE DE SEINE, 14.

1848.

Paris. — Imprimerie de E. Duverger, rue de Verneuil, 4.

LE MINISTÈRE

DE

L'INSTRUCTION PUBLIQUE

ET DES CULTES

PAR E. CARNOT

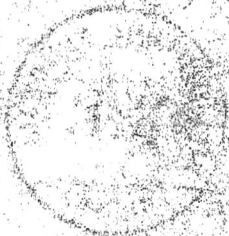

PARIS

Paris. — Imprimerie de L. Martinet, rue Jacob, 30

LE MINISTERE

DE

L'INSTRUCTION PUBLIQUE

ET DES CULTES,

DEPUIS

Le 24 février jusqu'au 5 juillet 1848.

Il y a dix ans que les suffrages des électeurs de Paris m'ont appelé à la vie parlementaire; depuis dix ans je n'ai pas laissé s'écouler une session législative, sans rendre compte à mes commettants de tous mes actes politiques et de leurs motifs. Je ne puis garder le silence aujourd'hui. Ministre de mon pays dans les circonstances les plus graves, j'ai pu exercer une influence salutaire ou funeste sur ses destinées : je dois à mes concitoyens l'exposé sincère de mes actions et de mes intentions, depuis le jour où l'administration de l'instruction publique et des cultes fut confiée à mes soins jusqu'à celui où je l'ai quittée. Dans cette position difficile, je n'ai pas dit une parole, je n'ai pas écrit une ligne, je n'ai pas eu une pensée qui ne puisse se produire au grand jour.

La responsabilité ministérielle, en l'absence d'une loi régulière, n'a été appliquée, jusqu'ici, que par des révolutions. Je veux du moins appeler sur moi cette responsabilité morale qui se témoigne par la réprobation ou par la reconnaissance du peuple.

Le 24 février, aussitôt après la proclamation du Gouvernement provisoire, je quittai la salle du palais législatif avec M. Marie, dont le nom venait d'être lancé du haut de la tribune et acclamé par la foule. Nous nous rendîmes d'abord ensemble au ministère de l'intérieur.

M. Odilon Barrot y arrivait presque en même temps que nous. Pénétré d'estime personnelle pour le chef de la gauche dynastique, et plein de confiance dans la loyauté de sa parole, j'insistai vivement auprès de lui pour le rattacher à la cause qui venait de triompher. Il parut touché de ma démarche, mais sa réponse fut celle-ci : « Ce qui se fait dépasse tous mes vœux, toutes mes prévisions. Je ne puis pas vous suivre; je ne serais pour vous qu'un obstacle. Laissez-moi rentrer dans l'obscurité, du moins pour quelque temps. Mais si la France a besoin d'un soldat, vous me trouverez toujours prêt à combattre à vos côtés. »

Après quelques mesures prises pour l'envoi des nouvelles télégraphiques dans les départements, nous quittâmes le ministère, et nous prîmes le chemin de l'Hôtel-de-Ville.

Il ne fallut pas peu d'efforts pour y pénétrer.

Garnier-Pagès était là, proclamé maire de Paris par le peuple qui l'étouffait à force d'empressement. Ses longs cheveux flottant sur ses épaules, son air épanoui, ses paroles bienveillantes et paternelles au milieu du tumulte et des cris, tout cela présentait un spectacle unique, véritablement grand, ineffaçable.

Nous rencontrâmes à l'Hôtel-de-Ville bien des figures de connaissance, et toute pensée d'exclusion était si loin de nous, que nous songeâmes à M. Léon de Malleville pour en faire un adjoint au maire de Paris. Sa réponse fut à peu près celle de M. Odilon Barrot.

La foule sépara plusieurs fois les membres du nouveau gouvernement. A peine avait-on pris possession d'une table, qu'un flot animé envahissait la salle, et venait se mêler aux délibérations, après avoir déposé sabres ou baïonnettes sur le tapis vert. On se retirait de chambre en chambre, et partout des scènes semblables se reproduisaient.

Dès qu'on fut un peu dégagé, on songea à constituer le pouvoir. Le nom de Lamartine vint sur toutes les lèvres lorsqu'il s'agit du ministère des affaires étrangères. Je prononçai celui de M. Goudchaux pour les finances : il fut adopté sur-le-champ. On me proposa l'intérieur : je refusai. J'hésitais à prendre une position dans le ministère, me réservant de solliciter une mission politique en Allemagne. Mon long séjour dans ce pays, et l'espèce de popularité que je m'y suis acquise par mes opinions en faveur de l'alliance allemande, me persuadaient que j'y pourrais être utile. Mais l'urgence parlait; il fallait que chaque service eût promptement un chef; j'acceptai la direction de l'instruction publique.

Les cultes y furent réunis; ils avaient appartenu à la justice sans aucune raison logique. On parla d'abord de les joindre à l'intérieur : « Non, dit quelqu'un, ce serait mettre les questions religieuses au rang des affaires de police; leur place légitime est à l'instruction publique. »

Me voici donc enrôlé dans le nouveau gouvernement, engagé dans ces luttes politiques auxquelles je n'ai jamais pris part que pour servir mes convictions aux dépens de mes goûts. Mais la plupart de mes collègues en pouvaient dire autant. Le vénérable Dupont, de l'Eure, avec ses quatre-vingts ans, venait échanger son repos contre de grandes fatigues, exposer aux caprices d'un jour sa popularité si bien gagnée par une vie sans tache; Arago, malade, abandonnait ses travaux chéris pour les orages de la place publique; Lamartine, bravant tous les périls, se faisait, contre les clameurs et les baïonnettes, le rempart éloquent de la jeune république; Garnier-Pagès oubliait sa faible santé et le sort de son frère : pouvais-je balancer en présence de tels exemples?

Aussitôt que ma destination fut fixée, je songeai à me donner des collaborateurs. Je ne me dissimulais pas les difficultés de la tâche qui m'était imposée. Je savais que j'allais me trouver sur le terrain des opinions les plus passionnées.

Il fallait des intelligences hardies pour entamer les réformes, une prudence modératrice pour résister aux entraînements; il fallait avant tout peut-être, pour s'assurer une véritable force morale, des hommes dont la vie publique et privée pût défier les calomnies les plus habiles.

Mon choix ne fut pas long.

Parmi les hommes avec lesquels une communauté de travaux intellectuels m'avait mis en relation, il en était deux dont j'avais pu surtout apprécier la valeur, les plus nobles âmes que j'aie rencontrées dans le cours de ma vie. Je résolus de les associer à ma nouvelle mission.

Une partie de mon projet put s'effectuer le soir même.

Jean-Reynaud n'avait pas été l'un des derniers à revêtir l'uniforme de la garde nationale pour se mêler au mouvement populaire. Il réussit à pénétrer dans l'Hôtel-de-Ville et jusque dans la salle où nous étions rassemblés. J'allai sur-le-champ au-devant de lui, et au nom de notre amitié aussi bien qu'au nom de l'intérêt public, je lui fis un devoir de quitter, momentanément du moins, l'œuvre de science à laquelle il consacrait sa vie depuis plusieurs années pour venir faire avec moi une œuvre de pratique. Il s'y engagea sans hésiter, certain d'avance que nous marcherions de concert. Quelques paroles échangées nous suffirent en effet. Nous nous donnâmes rendez-vous à l'hôtel du ministère pour le lendemain matin : il fut convenu que Jean-Reynaud amènerait Charton avec lui.

La soirée fut marquée par les incidents les plus décisifs. Il ne m'appartient pas de raconter ici comment, de discussion en discussion, de rédaction en rédaction, tandis que la foule impatiente tempêtait sur la place et dans les escaliers de l'Hôtel-de-Ville, on passa du simple appel à la souveraineté du peuple à la proclamation immédiate de la République. Ceux qui soutenaient le premier système étaient plus respectueux pour les principes ; les autres appréciaient mieux les circonstances et la situation des esprits. Tous d'ailleurs ne tardèrent pas à reconnaître que le parti le plus audacieux était aussi le plus sage, et tous méritent de joindre à leurs noms le beau titre de « Fondateurs de la République française. »

Il y avait là plusieurs hommes avec lesquels je m'étais trouvé en désaccord. J'avais été particulièrement en butte aux attaques de *la Réforme*, qui me reprochait trop de condescendance à l'égard de l'opposition moyenne. Mais les dissentiments s'effacent devant des circonstances graves. Le rédacteur en chef de *la Réforme*, Flocon, que je connaissais fort peu personnel-

lement, vint à moi et m'embrassa avec cordialité. Je rompis
avec Ledru-Rollin un morceau de pain : ce fut notre souper
républicain après cette rude journée.

Je n'écris point une page de *Mémoires*; passons au lendemain
matin.

Reynaud et Charton furent fidèles au rendez-vous.

Depuis vingt ans nous étudions ensemble les doctrines
sociales et politiques. Attachés au saint-simonisme pendant sa
première période, on nous y qualifiait de chrétiens, de républicains, parce que nous protestions sans cesse contre l'exagération du principe d'autorité tel que le comprenait cette société. Nous avons brisé avec elle lorsque les droits de la famille
et de la propriété nous ont semblé n'y pas être assez respectés.

Mais d'un autre côté nous n'avons pas résisté avec moins
de persistance à l'envahissement des doctrines individualistes,
si l'on peut appeler doctrine un égoïsme cynique, issu du
matérialisme du dernier siècle. L'application morale et politique en a été faite sous le règne de Louis-Philippe.

La révolution de février, selon nous, c'est un triomphe nouveau du spiritualisme entrant dans la pratique sociale par le
règne des grandes maximes de liberté, d'égalité, de fraternité.

Faire, au nom de ces maximes, la juste part de l'homme et
celle du citoyen; n'exiger du premier rien qui blesse sa dignité
personnelle ou sa liberté, rien qui diminue le mérite de la
créature devant le créateur; mais en exiger assez cependant
pour que l'anarchie ne pénètre pas dans la société, pour que le
droit de l'individu ou de la minorité n'entrave point l'action
générale; lier, en un mot, le citoyen à l'État par cette récipro-
cité de devoirs : l'État donne à chacun de ses membres les
moyens de valoir tout ce qu'il vaut; chacun d'eux donne à
l'État tous les services dont il est capable.

Tel est incontestablement le problème qui préoccupe les
esprits élevés. Les nouveaux systèmes socialistes l'ont-ils
résolu? Évidemment non; malgré les intentions généreuses
qui ont dicté plusieurs d'entre eux, leurs prétentions absolues font une obligation de les repousser.

Nous les repoussons comme erronés et dangereux, aurisque d'être accusés de pur libéralisme, parce que, selon nous, ils font de l'homme un esclave de l'État; mais, au risque d'être appelés socialistes à notre tour, nous voulons que l'État agisse en père de famille à l'égard de tous ses enfants, qu'il leur donne éducation et assistance, et nous engageons nos concitoyens à ne point marchander les sacrifices pour atteindre ce résultat.

Les esprits superficiels demeurent indifférents au milieu de toutes les doctrines, parce qu'ils n'en approfondissent aucune; ils vivent d'expédients pour se ménager une position éclectique entre les extrêmes opposés.

Mais ceux qui creusent davantage reconnaissent que les doctrines absolues ont leur raison d'être, et qu'elles représentent seulement l'exagération d'une prétention légitime. Et par exemple, dans le grand conflit qui s'élève entre le principe d'autorité et celui de liberté, nous affirmons que l'individu est d'autant plus libre de se développer que l'association à laquelle il appartient est mieux comprise, mieux ordonnée, et qu'elle veille sur lui davantage; nous affirmons que l'autorité est d'autant plus puissante qu'elle est obéie par des individualités plus libres, plus dignes et plus intelligentes.

Tel est l'idéal philosophique qu'il s'agit, selon nous, de traduire en réalité politique.

Et voici par quel programme de conduite je résolus de le faire dans la mission spéciale qui m'était confiée.

Distribuer l'instruction primaire à tous et la rendre obligatoire pour tous; c'est le devoir réciproque de la société envers le citoyen, du citoyen envers la société. Mais tout n'est pas là encore : le devoir de l'homme envers lui-même est de développer l'intelligence que Dieu lui a départie.

Faciliter généreusement, par un large système d'adoption publique, aux jeunes gens que la fortune aurait moins heureusement dotés que la nature, le complément de leurs études. La société ne doit pas laisser perdre les forces qui résident dans son sein.

Ouvrir une libre carrière à l'enseignement supérieur, afin que la lumière se dégage au milieu de la discussion des doctrines opposées. L'État a pour devoir de faire enseigner les sciences que l'expérience a fixées et que la pratique réclame; c'est aux libres penseurs qu'il appartient de défricher les champs nouveaux : protection aux libres penseurs.

Voilà le programme que nous nous sommes tracé. On peut le contester, sans doute; mais est-il fidèle à notre idéal philosophique? Y sommes-nous demeurés fidèles nous-mêmes dans nos actes? C'est ce que l'opinion publique jugera.

J'ajoute qu'en marchant avec décision et persévérance dans cette voie, nous résolûmes de ne rien détruire sans le remplacer aussitôt, et de respecter les droits acquis par le travail, parce que rien, en effet, n'est plus respectable à nos yeux. « Combattre l'erreur et aimer les hommes, » c'est la maxime que répétait souvent, d'après saint Augustin, mon vénérable ami Grégoire, l'ancien évêque de Blois; je l'ai apprise de lui. J'ai aussi pour maxime qu'il faut faire aimer les gouvernements nouveaux par des actes de bonté, et n'imposer en leur nom d'autres sacrifices que ceux qui sont absolument indispensables à leur rétablissement et à leur conservation. Peut-être voudra-t-on bien convenir qu'en cela encore notre conduite a été fidèle à notre programme.

Charton devint mon secrétaire-général. Sa bienveillance faisait de nombreux amis à la République; il avait l'art de renvoyer tout le monde satisfait, ceux-là même dont les demandes ne pouvaient être accueillies. Quant à Reynaud, il refusa toute fonction officielle, mais il nous consacra l'abondance de ses vues et sa merveilleuse faculté de se transporter en un moment dans les sphères les plus diverses de la pensée.

L'identité de notre but et l'habitude de nous comprendre nous épargnaient beaucoup de temps. Une conversation le matin pour distribuer le travail de la journée, une autre le soir, quelquefois dans la nuit, quand je revenais du conseil, cela suffisait. Je ne crois pas que jamais administration ait été conduite par des moyens plus simples et avec autant d'accord.

Pour la direction des cultes, j'avais besoin d'un homme rompu aux usages administratifs, ayant beaucoup de ressources dans l'esprit, un travail facile, les formes de la meilleure politesse. Il fallait aussi que ses antécédents ne le désignassent ni comme un adversaire que le clergé pût tenir en défiance, ni comme un ami complaisant dont il eût l'espoir d'obtenir des concessions exagérées.

Je trouvai ces qualités réunies au plus haut degré chez M. Durieu, ancien chef de section au ministère de l'intérieur.

La position de directeur général des cultes, que je lui confiais, exigeait une assez grande part de responsabilité personnelle. Je savais que M. Durieu ne la refuserait pas. Je savais aussi, point essentiel, que son expérience administrative ne se laisserait jamais prendre en défaut. Je lui donnai pour instruction un bienveillance extrême dans tous ses rapports avec le clergé, mais en même temps une fermeté inflexible pour le maintenir dans la sphère pure et noble qui lui appartient, pour résister à des empiétements auxquels toute corporation est naturellement portée.

Je n'avais besoin d'aucun effort pour adopter cette ligne de conduite. J'ai moi-même le sentiment religieux trop profondément gravé au cœur pour ne pas être et pour ne pas vouloir que l'on soit autour de moi plein de déférence à l'égard des ministres de toutes les religions. La Révolution de février nous avait fait d'ailleurs une admirable position : il semblait qu'elle eût détruit à la fois, et les préjugés dévots, et les préjugés anti-religieux.

Lorsqu'en 1839, les électeurs de la Seine m'appelèrent, moi inconnu, à les représenter, ils entendaient donner une solennelle adhésion aux principes dont ma jeunesse avait été entourée. C'est ainsi du moins que je m'expliquai leurs nombreux suffrages, et je crus répondre à leur pensée en leur disant: «Dans l'admiration profonde que m'inspire la vie de mon père, je me suis habitué à en faire ma boussole morale et politique. Jamais je ne me suis trouvé en présence d'une circonstance grave, sans me demander comment il aurait agi, pour tâcher de l'imiter; et j'ai puisé dans cette règle de conduite des satisfactions de conscience qui m'enlèvent la pensée d'en jamais changer. »

Le jour était venu pour moi de me rappeler ces paroles.

Élevé dans un sanctuaire de vertus civiques inspirées par le républicanisme, j'ai appris de bonne heure à aimer la République. Je l'ai désirée en 1830, je la bénis en 1848, et je m'y trouve si bien qu'il me semble revivre dans la maison paternelle.

Toutefois, la République de 1848 apporte d'autres idées, impose d'autres devoirs que celle de 1792. Il ne s'agit plus de conquérir des institutions, mais de leur donner pour fondement inébranlable l'éducation nationale. « Il faut, dit le vieil Aristote, que l'éducation soit oligarchique dans une oligarchie, monarchique dans une monarchie, démocratique dans une démocratie : sans cette condition point de stabilité. » Sous la monarchie, que nous voulions ruiner, nous demandions une éducation démocratique ; nous poursuivons le même but aujourd'hui, parce que nous voulons consolider à jamais la démocratie. « Formons des citoyens nouveaux pour les institutions nouvelles. » C'est la première parole que j'adressai au conseil de l'Université en prenant possession du ministère, c'est la dernière parole que j'ai adressée à l'Assemblée nationale en le quittant.

La préparation d'une loi d'instruction primaire devait donc nous occuper avant tout. Nous en jetâmes les bases : elles furent conformes aux principes que j'avais soutenus dans tous les temps : la gratuité, l'obligation, la liberté de l'enseignement.

La gratuité, afin d'effacer toute distinction dans les écoles entre l'enfant du riche et l'enfant du pauvre. Il est bien entendu que le système de gratuité doit se modifier, dans son application, selon les nécessités financières du pays.

L'obligation. — J'avais pu en étudier les résultats en Allemagne ; d'ailleurs, dans un pays où le suffrage universel est proclamé, l'instruction devient un devoir civique. La liberté de l'enseignement n'est point la liberté de l'ignorance.

La liberté de l'enseignement. — Je l'ai toujours regardée comme inséparablement liée à la constitution d'une éducation nationale. Voici dans quels termes je m'exprimais à cet égard en 1846. Le comité de l'association pour la liberté religieuse rend compte d'un entretien qu'eut avec moi l'un de ses membres, électeur de mon arrondissement :

« Je n'ai eu avec M. Carnot qu'une explication personnelle ; mais voici ce que cet honorable député m'a déclaré très nettement et très franchement :

» 1° Il veut une éducation forte et nationale, donnée et soutenue par le gouvernement ;

» 2° Mais, en regard de cette éducation officielle, si je puis ainsi parler, il accepte la libre concurrence, soit de la part des individus, soit de la part des sociétés religieuses, auxquelles il ne refuse que l'existence de personne civile et le droit de propriété, à ce titre ;

» 3° En conséquence, il votera pour la liberté d'enseignement sans mesures préventives, même contre les jésuites. »

La loi nouvelle devait embrasser dans sa sphère l'éducation des femmes, demeurée en dehors de toutes les lois précédentes.

L'un de ses premiers bienfaits devait être d'élever la condition des instituteurs en les transformant de fonctionnaires des communes en fonctionnaires de l'État. Mais il fallait d'abord et d'urgence améliorer leur sort matériel : je résolus de demander pour les six derniers mois de l'année un million destiné à augmenter les traitements inférieurs à 600 francs.

Pour préparer cette loi et pour résoudre pratiquement les questions nouvelles qui devaient nécessairement surgir dans l'instruction publique, je voulus m'entourer des hommes les plus notables et les plus amis du progrès dans les sciences, dans les lettres, dans l'administration et surtout dans l'enseignement. Il existait déjà auprès du ministère de l'instruction publique deux hautes commissions pour les études de droit et de médecine. J'y ajoutai une haute commission des études scientifiques et littéraires, dont je veux rappeler la composition, afin de montrer que tout ce qui devait y être représenté l'était en effet.

BÉRANGER.
BIENAYMÉ, inspecteur général des finances, chargé d'un cours de mathématiques à la Faculté des sciences.

BLONDEAU, membre de l'Institut, conseiller de l'Université, professeur à la Faculté de droit.

BOULATIGNIER, maître des requêtes au conseil d'État.

BOULAY (de la Meurthe), président de la Société d'enseignement élémentaire.

BOUSSINGAULT, membre de l'Institut.

BRAVAIS, lieutenant de vaisseau, professeur à l'École polytechnique.

BURNOUF, membre de l'Institut, professeur au Collége de France.

COCHIN, docteur en droit, membre de la Société d'enseignement élémentaire.

CORMENIN, vice-président du conseil d'État.

COURNOT, du conseil de l'Université, inspecteur général de l'ordre des sciences.

DEMOYENCOURT, ancien chef d'institution, secrétaire général de la Société d'enseignement élémentaire.

DESAGES, conseiller d'État, directeur aux affaires étrangères.

DROUYN-DE-LHUYS, ancien directeur aux affaires étrangères.

DUHAMEL, de l'Institut, directeur des études à l'École polytechnique, maître de conférences à l'École normale.

DUMOUCHEL, directeur de l'École normale primaire de Versailles.

DURIEU, directeur général de l'administration des cultes.

DUTREY, inspecteur général de l'Ordre des lettres.

DUTRÔNE, conseiller honoraire à la Cour d'appel d'Amiens, membre de la Société d'enseignement élémentaire.

ÉLIE DE BEAUMONT, de l'Institut, professeur au Collége de France et à l'École des mines.

GEOFFROY SAINT-HILAIRE, de l'Institut et du conseil de l'Université, professeur-administrateur du Muséum d'histoire naturelle.

GUIGNIAUT, de l'Institut, secrétaire du conseil de l'Université.

JAUFFRET, chef d'institution.

CHARLES LABOULAYE, ancien officier d'artillerie.

LECLERC, doyen de la Faculté des lettres de Paris.

LEPLAY, ingénieur en chef des mines.

LIOUVILLE, de l'Institut et du bureau des longitudes.

MACAREL, conseiller d'État.

HENRI MARTIN, chargé du cours d'histoire moderne à la Faculté des lettres.

CHARLES MARTINS, agrégé de la Faculté des sciences de Paris.

ARSÈNE MEUNIER, instituteur privé.

MICHEL, collaborateur du père Girard.

ORTOLAN, conseiller de l'Université, professeur à l'École de droit de Paris.

Pompée , directeur de l'École primaire supérieure de Paris.

Poncelet, de l'Institut, professeur à la Faculté des sciences (aujourd'hui commandant de l'École polytechnique).

Quicherat, agrégé des classes supérieures.

Quinet professeur au Collége de France.

Charles Renouvier , ancien élève de l'École polytechnique.

Jean-Reynaud, ancien élève de l'École polytechnique.

Léonce Reynaud, professeur à l'École polytechnique et à l'École des ponts et chaussées.

Rinn , proviseur du lycée Descartes.

Ritt, inspecteur supérieur de l'Instruction primaire.

Serres , de l'Institut , médecin de la Pitié.

Sonnet, agrégé suppléant au lycée Monge.

Transon , répétiteur à l'École polytechnique.

Béranger consentait pour la première fois à sortir de sa retraite. Ce témoignage de confiance et d'amitié fut pour nous tous une véritable fête. Il vint apporter à la commission son admirable bon sens, son expérience des hommes et la sagacité de ses vues politiques ; il y vint avec un entrain et une assiduité qui prouvent combien il attachait d'importance à l'œuvre.

J'avais placé Jean-Reynaud à la tête de la commission des hautes études, parce que nos continuelles relations faisaient de lui un intermédiaire naturel entre le ministre et cette espèce de conseil des réformes. Jean-Reynaud, avec son intelligence encyclopédique, la solidité de son savoir, la dignité de son caractère, dirigea des travaux sur lesquels je ne tarderai pas à revenir. Je dirai seulement ici que la commission se forma, selon les trois grandes divisions de l'enseignement, en trois sous-commissions, de l'instruction primaire, de l'instruction secondaire et de l'instruction spéciale.

En arrivant au ministère, mon premier soin avait été d'adresser une circulaire aux recteurs de toutes les académies pour les rassurer sur la grande commotion qui venait d'avoir lieu, et pour leur faire entrevoir l'avenir tel que je l'entrevoyais moi-même.

CIRCULAIRE

DU MINISTRE PROVISOIRE DE L'INSTRUCTION PUBLIQUE
ET DES CULTES

Aux Recteurs des Académies

A L'OCCASION DE L'INSTALLATION DU GOUVERNEMENT RÉPUBLICAIN.

Paris, le 25 février 1848.

Monsieur le recteur, le grand événement politique qui vient de s'accomplir ne doit être une cause d'interruption dans aucun service. Il importe que toutes les études suivent leur cours ordinaire.

Les conséquences de la révolution qui donne à la France les institutions républicaines se développeront graduellement en tout ce qui concerne l'instruction publique et les intérêts du corps universitaire.

Une de ces conséquences les plus immédiates, et que vous n'aurez pas manqué de pressentir, est de faire cesser désormais toutes les craintes qui avaient inquiété l'Université pendant ces dernières années.

La réunion, sous une direction unique, des deux administrations de l'instruction publique et des cultes, est une garantie de la juste conciliation qui s'établira entre ces deux ordres d'intérêts également respectables.

L'Université comprendra aisément qu'elle ne peut que s'affermir et grandir sous l'influence de la République, qui compte nécessairement au nombre de ses principes les plus essentiels l'extension et la propagation active des bienfaits de l'instruction dans toutes les classes de la société.

Je compte sur votre concours et votre zèle éclairé.

Recevez, monsieur le recteur, l'assurance de ma considération très distinguée.

Le ministre provisoire de l'instruction publique
et des cultes,

CARNOT.

Rallier autour du drapeau républicain la nombreuse armée des instituteurs primaires était un devoir facile à accomplir. Il suffisait de parler à leurs meilleurs sentiments ; de leur dire combien serait utile et honoré sous la République le rôle des précepteurs du peuple; il fallait leur montrer que désormais toutes les récompenses, tous les rangs seraient accessibles au véritable mérite, quel que fût son point de départ. Tel fut l'objet de la circulaire suivante, datée du 27 février :

Monsieur le recteur, la condition des instituteurs primaires est un des objets principaux de ma sollicitude. Ce sont les membres de la hiérarchie universitaire qui touchent le plus directement à tout le peuple ; c'est à eux que sont confiées les bases de l'éducation nationale.

Il n'importe pas seulement d'élever leur condition par une juste augmentation de leurs appointements ; il faut que la dignité de leur fonction soit rehaussée de toutes manières ; et, dans ce but, je veux que le principe de l'émulation et de la récompense soit introduit parmi eux.

Il faut qu'au lieu de s'en tenir à l'instruction qu'ils ont reçue dans les écoles normales primaires, ils soient constamment sollicités à l'accroître.

Il faut que les progrès qu'il leur sera possible de réaliser dans cette éducation solitaire soient constatés comme ceux qu'ils avaient accomplis dans les écoles où ils se sont formés.

Il faut que ces progrès leur deviennent profitables ainsi qu'à la République.

Rien n'empêche que ceux qui en seront capables ne s'élèvent jusqu'aux plus hautes sommités de notre hiérarchie. Leur sort quant à l'avancement ne saurait être inférieur à celui des soldats; leur mérite a droit aussi de conquérir des grades.

Il suffit de quelques livres de mathématiques, de physique, d'histoire naturelle, d'agriculture, pour que ceux qui ont reçu les dons du génie parviennent par leurs méditations jusque dans les rangs les plus élevés de la science.

Mais, pour que tous soient animés dans une voie d'émulation si glorieuse, il est nécessaire que des positions intermédiaires leur soient assurées. Elles le seront naturellement par l'extension que doit recevoir dans les écoles primaires supérieures l'enseignement des mathématiques, de la physique, de l'histoire naturelle, de l'agriculture.

Les instituteurs primaires seront donc invités, dans toute l'étendue de la République, à se préparer à servir au recrutement du personnel de ces écoles. Tel est un des compléments de l'établissement des écoles normales primaires. L'intérêt de la République est que les portes de la hiérarchie universitaire soient ouvertes aussi largement que possible devant ces magistrats populaires.

Portez dès à présent, monsieur le recteur, à la connaissance des instituteurs primaires et de l'école normale de votre ressort ces vues du gouvernement à leur égard.

Recevez, monsieur le recteur, l'assurance de ma considération très distinguée.

Le ministre provisoire de l'instruction publique
et des cultes,

CARNOT.

Le même jour, j'annonçais d'une manière plus précise l'introduction de l'enseignement agricole dans les écoles primaires. C'est la base de l'enseignement dont mes collègues, MM. Bethmont et Tourret, ministres de l'agriculture, ont songé à organiser le faîte.

Monsieur le recteur, les règlements relatifs aux écoles normales primaires ont rangé l'agriculture parmi les objets de leur enseignement. Ces règlements ne sont pas encore appliqués dans toutes les écoles. Il entre dans les intentions du gouvernement qu'ils le soient partout et de la manière la plus sérieuse. Il sera facile de soutenir la théorie par la pratique, en joignant aux expériences qui peuvent se faire dans les jardins des écoles l'observation raisonnée des travaux agricoles des environs.

Le gouvernement veut, en outre, que les connaissances les plus essentielles à l'agriculture soient étendues autant que possible dans toutes les écoles primaires.

Je signale dès à présent ces deux objets à votre attention, monsieur le recteur, car ils sont compris au nombre des mesures par lesquelles l'instruction publique doit contribuer au développement de l'agriculture, et par conséquent à l'augmentation des éléments de la subsistance publique.

Je vous prie de me faire connaître ce qui existe à cet égard dans les écoles normales primaires de votre ressort, et ce qui vous semblerait pouvoir être fait dès à présent dans toutes les écoles primaires.

Recevez, monsieur le recteur, l'assurance de ma considération très distinguée.

Le ministre provisoire de l'instruction publique
et des cultes,

CARNOT.

2

Je ne mis pas moins d'empressement à entrer en relation sérieuse avec les corps savants qui éclairent et honorent la France. J'avais hâte surtout de témoigner à l'Institut national toute l'importance que le nouveau gouvernement devait attacher à cette belle création de notre première révolution.

Dès le lendemain de mon installation, relisant sa loi organique, ces deux articles nous frappèrent particulièrement :

« Art. 1er. L'Institut national nommera tous les ans, au concours, vingt citoyens, qui seront chargés de voyager et de faire des observations relatives à l'agriculture, tant dans les départements de la République, que dans les pays étrangers.

» Art. 4. L'Institut national nommera, tous les ans, six de ses membres pour voyager, soit ensemble, soit séparément, pour faire des recherches sur les diverses branches des connaissances humaines autres que l'agriculture.

Nous crûmes apercevoir dans ces articles, complétement tombés en désuétude, le moyen de donner à l'Institut une action centrale sur le travail intellectuel de la nation ; celui d'organiser une sorte d'inspection générale des besoins et des progrès scientifiques confiée à l'élite des savants ; celui d'exciter plus qu'on ne l'avait fait jusqu'ici la culture libre de l'esprit dans nos départements. — Nous y vîmes particulièrement un nouveau moyen d'encourager les études agricoles, sur lesquelles j'appelais l'attention du corps enseignant. — Enfin, nous y vîmes encore un moyen de faire rentrer cette grande institution, fractionnée par les ordonnances de la restauration, dans la voie d'unité que lui avaient imprimée ses fondateurs.

En conséquence, le jour même, 26 février, j'écrivis aux présidents des diverses académies pour leur rappeler l'existence de ces articles, annoncer l'intention de les remettre en vigueur, et prier l'Institut de prendre immédiatement les mesures nécessaires pour proposer un plan d'application approprié aux conditions de notre époque.

Cette initiative atteignit son but. Pour la première fois depuis la restauration, les différentes classes de l'Institut furent appelées à se rassembler comme un seul corps, et à délibérer en commun sur des questions générales intéressant le développement scientifique et littéraire de la France.

Cependant, en présence de ces mesures qui témoignaient de tant de respect pour l'Institut, de tant de sollicitude pour l'agrandissement de sa mission, un journal n'a pas craint, tout récemment encore, de prêter à l'ancien ministre de l'instruction publique je ne sais quels projets de mutilation sur l'Académie des sciences morales et politiques. Si nous prenons la peine de dire que ces assertions sont fausses, c'est parce que le recueil dont il s'agit, par la gravité de son titre, pourrait faire croire à la gravité de ses paroles.

Terminons l'historique de ces premiers jours d'activité.

Le 27 février, je demandais que, par des examens dans les établissements d'instruction primaire, on recherchât d'avance les jeunes gens les plus propres à l'École polytechnique, afin d'accorder des bourses dans les lycées à ceux d'entre eux que l'état de leur fortune en tiendrait éloignés :

Monsieur le recteur, l'intention du gouvernement provisoire est de consacrer par l'instruction publique l'union touchante qui s'est établie sur les ruines de la monarchie entre le peuple et l'École polytechnique.

Il est juste et important au bien public que le recrutement de cette école, qui, jusqu'à présent, ne s'opérait qu'à des conditions inabordables à la majorité des citoyens, s'étende sur tout le peuple.

Il est facile de prendre des mesures capables d'assurer ce résultat. Des examens destinés à faire connaître, dès leur enfance, les sujets propres à cette école, auront lieu dans toutes les écoles élémentaires, et les collèges serviront gratuitement à leur préparation aux examens de l'École polytechnique.

Il m'est nécessaire de connaître très exactement quelles ressources l'état actuel de l'enseignement des mathématiques, dans les écoles de tous les degrés de votre ressort, peut offrir à l'exécution de ce dessein, et je vous invite à m'adresser, dans le plus court délai, un rapport sur la question.

Le lendemain 28, autre circulaire qui complète la pensée de celle-ci, et qui déroule les principes généraux de notre entreprise.

Monsieur le recteur, il vous a été facile de pressentir que ma lettre d'hier, touchant le recrutement de l'École polytechnique, n'était qu'un détail d'un vaste ensemble. Je l'ai détaché et mis en avant pour faire honneur à cette école qui en 1848, comme en 1830 et en 1815, a su remplir si héroïquement ses devoirs envers le peuple.

Il suffit d'ailleurs de remonter aux principes qui ont inspiré à nos pères la création de l'École polytechnique, pour trouver les sources générales qu'il importe aujourd'hui de faire jaillir dans toutes les branches de l'instruction publique.

Cette école n'est pas seulement chère au peuple français par le patriotisme qui l'a toujours distinguée, mais par son institution qui est essentiellement démocratique. La main puissante de la Convention nationale y est empreinte.

Ici, comme sur tant d'autres points, il nous reste seulement à développer et à pratiquer ce que nous a indiqué le génie de nos pères. Il faut que toutes les branches du service national aient aujourd'hui leur École polytechnique.

Je ne mettrais pas tant de promptitude, monsieur le recteur, à vous communiquer ces vues générales du gouvernement, si je ne prenais en considération la position particulière dans laquelle vous devez vous trouver en présence de l'animation que la proclamation de la république cause en ce moment dans toute la masse du peuple français.

Les conséquences d'une révolution faite au profit de tous par une cité généreuse ne sont nulle part mieux à découvert que dans le domaine de l'instruction publique.

Le coup d'œil sûr et rapide du peuple n'a eu besoin que d'un instant pour les apercevoir, et il importe que vous soyez en mesure de faire connaître autour de vous que le gouvernement, sur ce point comme sur tous les autres, est à la hauteur de la république et ne saurait être devancé par personne.

Les populations ne peuvent sentir aussi clairement qu'il le faut, combien la France est intéressée à la constitution républicaine, qu'en sachant tout ce que cette constitution lui assure. Il ne s'agit pas seulement dans notre révolution d'un déplacement du principe de la souveraineté, mais de toutes les conséquences légitimes de ce changement radical.

Il ne peut être question, en ce moment, des moyens d'organisation. Ces moyens doivent être mis à l'étude; et je prends des mesures pour qu'ils le soient dès à présent. Ma lettre n'est relative qu'aux principes. Ce sont ces principes qui forment aujourd'hui tous les gages de notre avenir, et le gouvernement, plein de la force de ses intentions, n'hésite point à les donner hautement.

Les lois de l'instruction primaire nous sont toutes tracées dans les immortelles déclarations de nos pères. L'instruction primaire embrasse toutes les connaissances nécessaires au développement de l'homme et du citoyen.

La définir ainsi, c'est assez dire combien elle doit s'élever au-dessus de son état actuel. C'est assez dire aussi que la république ne saurait souffrir sans dommage qu'un seul de ses enfants en soit privé. Elle est donc gratuite dans toute son étendue.

Si l'on ne considérait que l'individu, cette instruction primaire devrait suffire. Mais la conservation et le perfectionnement d'une société qui, malgré tant de progrès accomplis, en voit encore tant devant elle, impose au ministère de l'instruction publique d'autres devoirs.

Il est nécessaire, dans l'intérêt de la société, qu'un certain nombre de citoyens reçoive des connaissances plus étendues que celles qui suffisent pour assurer le développement de l'homme. Ces connaissances sont indispensables au service de la société dans les directions nombreuses où leur besoin se fait sentir. C'est à quoi répondra, dans la république française, l'établissement de l'instruction secondaire.

La civilisation ne peut que gagner à ce que le nombre de ces hommes instruits soit aussi grand que les conditions générales de la société le permettent. Mais le gouvernement ne peut se proposer, dans la distribution de cette instruction, que d'assurer à la république tous les hommes de mérite qui sont réclamés par les exigences de son service.

C'est pour atteindre ce but le plus parfaitement possible, que le gouvernement républicain, appliqué dans toutes ses actions à l'intérêt général, se propose de recruter ces agents si essentiels dans toute la masse du peuple.

C'est le seul moyen de donner à la république le personnel le plus capable auquel elle puisse prétendre.

C'est aussi le seul moyen d'assurer la vérité du principe que les fonctions publiques sont également accessibles à tous les citoyens : c'est un principe illusoire, si les moyens de s'élever à ces fonctions ne sont pas assurés à tous les enfants également.

Il faut donc veiller à ce que les portes de l'instruction secondaire ne soient fermées à aucun des élèves d'élite qui se produisent dans les établissements primaires. Toutes les mesures nécessaires à cet égard seront prises.

On ne saurait sans doute se dispenser de prévoir dans les programmes de l'instruction secondaire la diversité des fonctions auxquelles les élèves sont destinés. Mais le gouvernement n'ignore pas combien il est essentiel à la France que tous soient liés par la solidarité d'une éducation commune, aussi libérale que le veut le caractère de généralité qui distingue le génie de la nation. Il tiendra la main à ce que les droits de l'unité soient maintenus aussi bien que ceux de la variété.

C'est dans les écoles supérieures seulement que le principe de la spécialité, prudemment préparé dans les autres, doit se dessiner tout à fait. L'accès aux leçons de ces écoles ne peut être défendu à personne ; mais c'est en vue des élèves dignes de servir aux intérêts généraux de la société qu'elles doivent être instituées. Il n'y a que la décision des examens qui puisse y conférer tous les droits.

Il serait superflu, monsieur le recteur, d'entrer ici dans le détail de mes vues sur ces diverses écoles, mon dessein n'étant en ce moment que de vous entretenir des principes les plus généraux de l'instruction publique.

Je ne saurais cependant terminer cette lettre sans vous signaler un des devoirs nouveaux les plus considérables que la révolution qui vient de s'accomplir impose désormais à notre ministère. C'est la formation des administrateurs et des hommes d'État.

S'il est essentiel à la république de se créer des professeurs, des médecins, des artistes, des légistes, des officiers, des ingénieurs, il ne lui importe pas moins que ses hommes d'État et ses administrateurs, dans toutes les branches, soient formés aussi par une éducation spéciale.

D'ailleurs, sous le régime de l'égalité, il ne saurait y avoir d'autre titre aux fonctions publiques que le mérite. Il faut donc que ce mérite soit mis en demeure de se produire dès l'ouverture de la carrière, et qu'il en soit justifié publiquement par des examens.

Méditez ces principes, monsieur le recteur, faites-les connaître comme étant ceux que proclame le nouveau gouvernement, et qu'il s'occupe de faire triompher. Je vous consulterai prochainement sur leur application. Elle est le sujet le plus instant de ma sollicitude, car il importe que la France soit aussi éclairée que possible à cet égard, au moment où elle entre dans la nouvelle voie constitutive qui s'ouvre devant elle.

Recevez, monsieur le recteur, l'assurance de ma considération très distinguée.

Le ministre provisoire de l'instruction publique et des cultes,

CARNOT.

Deux idées apparaissent ici au premier plan, deux idées liées entre elles : l'éducation politique du peuple entier et la création d'une école spéciale pour les administrateurs. Nous dirons un peu plus tard ce qui a été fait pour leur réalisation.

Le principe du suffrage universel fut proclamé le 5 mars par un décret qui fixait au 9 avril la convocation des assemblées électorales.

Chacun des ministres dut aussitôt, dans la sphère de ses attributions, travailler à éclairer les citoyens sur l'exercice de leurs droits, et s'efforcer d'amener à l'Assemblée nationale une représentation sincère de l'esprit et des intérêts de la France.

Ma circulaire parut le lendemain 6 mars.

Ainsi que j'ai eu l'occasion de le dire plus tard à la tribune : « J'ai jeté les yeux sur nos campagnes ; j'ai vu, dans chaque village, deux hommes admirablement placés pour favoriser ce résultat, deux hommes qui vivent de la vie du peuple, qui partagent ses sentiments et ses intérêts, et qui, en même temps, possèdent un degré de lumières supérieur au niveau des masses. Ces deux hommes sont le curé et le maître d'école.

» Je me suis adressé au curé et au maître d'école ; je les ai invités à exercer leurs droits politiques et à montrer à leurs concitoyens comment ce droit devait être exercé. Comme ministre des cultes, il ne m'était pas permis de parler aux curés autrement que par l'intermédiaire des évêques : c'est ce que j'ai fait, et la plupart des évêques ont transmis fidèlement mes paroles dans toutes les paroisses de leur diocèse. Comme ministre de l'instruction publique, mes droits étaient plus étendus : j'en ai usé ; je me suis adressé aux instituteurs, je leur ai dit : à côté de vos devoirs envers les enfants, les circonstances vous imposent un devoir d'urgence, celui de préparer les adultes à la vie politique qui leur est ouverte ; c'est à vous qu'il appartient de faire comprendre le véritable sens de la république nouvelle. »

Voici le texte de cette circulaire :

Monsieur le recteur, il n'est aucune partie de l'instruction primaire qui ait été plus négligée, sous les précédents gouvernements, que la formation des enfants comme citoyens. Cela devait être. Mais c'est une négligence dont il est à craindre, si nous n'y prenons garde, que nous ne supportions aujourd'hui le dommage.

Il ne faut pas nous le dissimuler, beaucoup de citoyens, surtout dans nos campagnes, ne sont pas suffisamment instruits de leurs droits, et par conséquent de leurs devoirs. Ils ne savent pas quels sont les bienfaits que le peuple doit attendre de l'État républicain, et par conséquent combien peu il leur est permis d'être indifférents au choix des hommes qui, dans quelques jours, vont revêtir le caractère auguste de mandataires de la nation. Ils commettraient un mensonge politique si leurs représentants ne les représentaient pas véritablement.

Je manquerais à mes devoirs, monsieur le recteur, si je ne me préoccupais des moyens de remédier aussi promptement que possible à ce grave défaut. J'espère y réussir, avec votre concours. Le principe à faire prévaloir pour assurer une représentation véritable est bien simple ; et, dans ce moment, nous n'avons à nous proposer autre chose que son triomphe.

La plus grande erreur contre laquelle il faille prémunir les populations de nos campagnes, c'est que, pour être représentant, il soit nécessaire d'avoir de l'éducation ou de la fortune. Quant à l'éducation, il est manifeste qu'un brave paysan, avec du bon sens et de l'expérience, représentera infiniment mieux à l'Assemblée les intérêts de sa condition qu'un citoyen riche et lettré, étranger à la vie des champs ou aveuglé par des intérêts différents de ceux de la masse des paysans. Quant à la fortune, l'indemnité qui sera allouée à tous les membres de l'Assemblée suffira aux plus pauvres.

Il ne faut pas oublier que, dans une grande assemblée comme celle qui va se réunir, la majeure partie des membres remplit le rôle de jurés. Elle juge par *oui* ou par *non* si ce que l'élite des membres propose est bon ou mauvais. Elle n'a besoin que d'honnêteté et de bon sens : elle n'invente pas.

Voilà le principe fondamental du droit républicain, en ce qui concerne la représentation nationale, et il est si simple qu'il sort naturellement de l'esprit de tout le monde. Mais ce qu'il faut faire comprendre à tout le monde, c'est qu'il est criminel de l'outrager. C'est une leçon qu'on ne peut faire qu'en touchant à la théorie des droits du citoyen.

C'est à quoi je veux utiliser dès à présent, avec votre concours, monsieur le recteur, le corps des instituteurs primaires. Excitez autour de vous les esprits capables d'une telle tâche à composer en vue de vos instituteurs de courts manuels, par demandes et par réponses, sur les droits et les devoirs du citoyen. Veillez à ce que ces livres parviennent aux instituteurs de votre ressort, et qu'ils deviennent entre leurs mains le texte de leçons profitables. C'est ce qui va se faire à Paris sous mes yeux; imitez-le.

C'est à nous, monsieur le recteur, à réparer, dans la mesure de nos forces, le tort que cette lacune dans l'enseignement primaire menace de causer aujourd'hui à la France. C'est l'instruction publique qui en a la responsabilité; c'est à elle à corriger aujourd'hui par son énergie la faute commise dans le passé.

Que nos 36,000 instituteurs primaires se lèvent donc à mon appel pour se faire immédiatement les réparateurs de l'instruction publique devant la population des campagnes. Puisse ma voix les toucher jusque dans nos derniers villages! Je les prie de contribuer pour leur part à fonder la république. Il ne s'agit pas, comme au temps de nos pères, de la défendre contre le danger de la frontière, il faut la défendre contre l'ignorance et le mensonge, et c'est à eux qu'appartient cette tâche.

Des hommes nouveaux, voilà ce que réclame la France. Une révolution ne doit pas seulement renouveler les institutions, il faut qu'elle renouvelle les hommes. On change d'outil quand on change d'ouvrage. C'est un principe capital de politique, et il ne sera pas difficile non plus à vos instituteurs de le justifier et de le faire comprendre.

Mais pourquoi nos instituteurs primaires ne se présenteraient-ils pas, non seulement pour enseigner ce principe, mais pour prendre place eux-mêmes parmi ces hommes nouveaux? Il en est, je n'en doute pas, qui en sont dignes : qu'une ambition généreuse s'allume en eux; qu'ils oublient l'obscurité de leur condition; elle était des plus humbles sous la monarchie; elle devient, sous la république, des plus honorables et des plus respectées. La libéralité des lois républicaines ouvre à ceux qui auront su agir assez puissamment sur l'esprit de leurs cantons, la plus belle carrière à laquelle puissent aspirer les grands cœurs.

Qu'ils viennent parmi nous, au nom de ces populations rurales dans le sein desquelles ils sont nés, dont ils savent les souffrances, dont ils ne partagent que trop la misère. Qu'ils expriment au sein de la législature les besoins, les vœux, les espérances de cet élément de la nation si capital et si longtemps délaissé. Plus ils seront partis de bas, plus ils auront de grandeur, puisque leur valeur morale sera la même que celle de la masse qu'ils résument.

Tel est, monsieur le recteur, le service nouveau que, dans ce temps révolutionnaire, je réclame du zèle de MM. les instituteurs primaires. En attendant qu'ils puissent enseigner aux enfants avec le calme nécessaire les droits élémentaires du citoyen, il faut qu'en toute hâte ils en instruisent les adultes. C'est une tâche qui n'est pas au-dessus de leurs forces, et vous les y aiderez.

Recevez, monsieur le recteur, l'assurance de ma considération très distinguée.

Le ministre provisoire de l'instruction publique
et des cultes,

CARNOT.

Quelques expressions de cette circulaire ayant été mal comprises, ou du moins mal commentées, je fis insérer au *Moniteur* la note explicative suivante :

Le ministre provisoire de l'instruction publique et des cultes a appris avec plaisir que MM. les instituteurs primaires du département de la Seine n'avaient pas attendu son invitation pour aviser à la réparation immédiate de l'instruction primaire en ce qui concerne le droit politique. Dans une réunion spontanée de MM. les instituteurs primaires, il a été décidé que des cours d'adultes sur les droits et les devoirs du citoyen seraient ouverts gratuitement au public, afin de rendre tous les électeurs capables de prendre part aux élections en connaissance de cause.

En attendant que par une instruction suffisante donnée à cet égard dans les écoles normales primaires, ce corps respectable soit mis à la hauteur des fonctions que lui impose la république, il est obligatoire au ministre de l'instruction publique d'attirer son attention sur les points du droit politique qui intéressent le plus le bon établissement de l'Assemblée nationale. C'est en insistant particulièrement sur ces points, dans les cours d'adultes qu'ils sont invités à ouvrir par la voix du ministre, comme par la voix des populations elles-mêmes, qu'ils assureront pour leur part la sincérité de la représentation, c'est-à-dire le salut de la France. Il y a là un complément d'urgence à l'instruction du peuple.

Le principe fondamental du droit républicain, comme le dit le ministre dans sa lettre du 6 mars à MM. les recteurs, c'est que l'on ne doit nommer pour député que le citoyen par lequel on estime devoir être sincèrement représenté. Le droit électoral ne donne pas seulement une liberté, il donne une responsabilité. Sans le respect scrupuleux de ce principe, au lieu d'une représentation nationale, on n'en a qu'un simulacre mensonger.

Il existe à cet égard, dans beaucoup de campagnes, personne ne peut le contester, des préjugés que les instituteurs primaires, dans leur enseignement aux adultes, devront s'attacher à détruire. Par l'effet de l'ascendant que donne trop souvent sur l'esprit des pauvres cultivateurs le prestige de l'opulence et des manières du grand monde, on s'imagine que les citoyens de la condition la plus simple ne sont pas aussi propres aux éminentes fonctions de la représentation nationale que les citoyens doués d'une condition plus heureuse. Il y a là une sorte de confusion qu'il est essentiel d'éclaircir.

Le meilleur représentant est celui qui, à l'avantage de la conformité parfaite dans les sentiments, joint celui de la supériorité dans l'instruction ; mais la supériorité dans l'instruction, et bien plus encore, la supériorité dans ce que le langage vulgaire nomme trop superficiellement l'éducation, n'est qu'une condition de second ordre : la première condition pour être digne de l'Assemblée, c'est l'identité de sentiments avec la masse.

A côté de ce point, tous les autres s'abaissent, rien ne peut le balancer. Comme le dit M. le ministre à MM. les recteurs, s'il faut choisir entre « un citoyen riche, lettré, étranger à la vie des champs, aveuglé par des intérêts différents de ceux de la masse des paysans, » et un brave paysan, doué de bon sens, ayant acquis, par l'expérience de la vie et des affaires, un genre d'instruction qui vaut bien ce que l'on nomme l'éducation, le choix de l'électeur ne peut-être douteux. C'est ce que dicte le principe du droit, et voilà ce qui doit être enseigné.

L'Assemblée nationale de 1789 a compté dans son sein ce que l'on appelle des paysans, et s'en est bien trouvée : pourquoi celle de 1848 n'aurait-elle pas le même avantage? Le danger que les amis sincères de la république peuvent redouter n'est pas qu'il y ait dans l'Assemblée trop peu de lettrés, c'est plutôt qu'il y ait trop peu de gens de pratique, honnêtement et profondément dévoués aux intérêts de la classe la plus nombreuse et la plus pauvre. Pour conjurer ce danger, il faut que, dans l'enseignement révolutionnaire du droit public qui va s'improviser dans toute la France, on soutienne, comme il doit l'être, le principe fondamental de la sincérité de la représentation. Placé à un point de vue où les effets de l'instruction doivent être appréciés équitablement dans toute leur étendue, parce que partout ils sont utiles, quoique différents, le ministre de l'instruction publique doit compter à la fois sur l'élite des hommes qui ont été formés par l'instruction supérieure, et qui, ainsi qu'il l'indique dans sa lettre, ne manqueront pas de jouer un grand rôle dans la nouvelle législature ; mais il doit compter aussi sur les hommes capables qui, pour

n'avoir pas dépassé le niveau de l'instruction primaire, n'en sont pas
moins dignes, malgré le défaut de ce que l'on nomme éducation et
fortune, de figurer parmi les éléments précieux de l'Assemblée, s'ils
le méritent, au gré de leurs concitoyens, par leur intelligence et leur
honnêteté.

Dans une des dernières sessions du storthing de Norwége, le ministère présenta un projet de loi pour élever au roi un palais à Chris-
tiania : les paysans se levèrent, et le projet fut rejeté. Le ministère
présenta à la suite un projet de loi mettant à la disposition du gouvernement une somme considérable pour une expédition scientifique dans le nord : les paysans acclamèrent, et le projet fut adopté.

La circulaire du 6 mars a été présentée comme un complément de celles qui émanaient du ministre de l'intérieur. On l'a
présentée comme issue de la même pensée. Je ne m'en doutais
guère lorsque j'exprimais si franchement mon déplaisir au
sujet des publications de mon collègue.

Il faut bien que je m'explique à cet égard, comme je l'ai
déjà fait chaque fois que l'occasion s'en est offerte.

Tous les membres du gouvernement provisoire étaient également dévoués aux intérêts démocratiques. Mais il régnait
entre eux deux manières diverses d'envisager la situation, et
par conséquent de diriger la politique. Ces deux tendances
se personnifiaient, aux yeux du public surtout, dans MM. de
Lamartine et Ledru-Rollin. Je n'ai pas besoin de dire que
depuis longtemps mes sympathies appartenaient au premier.

Je n'entends pas dissimuler les erreurs qu'a pu commettre
le gouvernement provisoire. Ce poids est léger lorsqu'on le
met en balance avec les services qu'il a rendus. L'histoire,
qui sera juste, donnera à cette époque une noble place parmi
celles de la France.

Quant aux hommes, il me suffit pour les juger de me re-
tracer cette scène émouvante où, après avoir proclamé devant
l'Hôtel-de-Ville l'abolition de la peine de mort pour crime
politique, nous rentrâmes dans la salle en nous embrassant
avec effusion. C'était l'amour du bien, le véritable amour du
peuple qui animait les yeux et les paroles.

Quant à ceux qui refont aujourd'hui dans leur cerveau

ou sur une feuille de papier blanc les actes du gouvernement provisoire, je n'aurais pas voulu les voir à l'œuvre sur
le terrain ; car ils ne savent guère quelles forces il fallait mettre
en mouvement, et de quelles forces on disposait.

Les deux tendances dont j'ai parlé s'étaient manifestées le
soir même du 24 février, lorsque les uns voulaient engager le
pays en proclamant de suite la *République*, tandis que les
autres voulaient seulement témoigner de leurs sympathies
profondes pour les institutions républicaines, en convoquant
aussitôt la nation pour se donner elle-même une forme de
gouvernement.

J'ai déjà dit que, selon moi, dans cette circonstance, les
plus hardis avaient été les plus sages : ils épargnèrent certainement des convulsions au pays, ou du moins à la capitale.

Mais ce pas décisif une fois fait, la situation changea.

Soit conversion sincère, soit résignation, l'établissement
de la république ne rencontrait aucun obstacle.

Fallait-il mettre à profit cette disposition des esprits pour
convoquer les colléges électoraux, dût leur forme et leur
tenue être peu régulière? C'était l'avis d'une portion du gouvernement. Aucun prétendant n'osait lever la tête, les mo-
narchistes de toutes dates se tenaient dans le silence. Les
élections eussent certainement produit une assemblée purement républicaine, inexpérimentée peut-être, mais pleine
d'unité, de chaleur et de foi. Les institutions démocratiques
eussent été fondées et bientôt acceptées, comme la forme même
du gouvernement.

Une autre opinion l'emporta, sinon dans la discussion, du
moins par le fait : ce fut une grande erreur, un grand
malheur.

Les partisans de cette opinion croyaient qu'avec quelques
mois de dictature ils feraient l'éducation politique de la France;
ils proclamèrent cette prétention dans leurs bulletins; ils en-
voyèrent des fondés de pouvoir pour imposer leurs idées, et
dicter leurs choix au pays; mais une nation fière ne se laisse
pas imposer même ce qu'elle désire. Joignez à cela les fautes,
les actes mauvais de certains agents du pouvoir, et vous vous

expliquerez sans peine la réaction qui s'est déclarée dans les luttes électorales. Il y avait deux manières de faire accepter la république : par voie d'assimilation ou par voie d'intimidation. Ce fut la dernière qui prévalut.

Je constatai alors personnellement l'un des résultats les plus tristes de ce fatal système. Je revis M. Odilon Barrot. J'ai raconté notre conversation du 24 février, mes instances auprès de lui, et son refus sans dépit, sans colère. J'espérais retrouver le même homme. On l'avait aigri par des soupçons offensants pour sa loyauté; il s'en plaignait, il en avait le droit. Mais la plainte prenait dans sa bouche un ton d'amertume qui m'affligea profondément. Je le dis à mes amis. De ce moment je désespérai de me revoir sur le même terrain politique avec M. Barrot. Je ne l'ai plus rencontré qu'à l'Assemblée nationale.

Si ce noble cœur a été éloigné par d'injustes procédés, combien d'autres ont pu se laisser entraîner jusqu'à la haine?

Pour moi, je n'ai jamais pratiqué l'exclusion : « Ne repoussons pas, écrivais-je il y a un an, ceux qui veulent s'atteler avec nous, ne fût-ce que pour un jour, au char de la démocratie. » Pendant les dernières années du dernier règne, secrétaire du comité électoral de l'extrême gauche avec Garnier-Pagès, nous avons travaillé ensemble à effacer bien des divisions. La brochure que je publiai au commencement de 1847, *Les radicaux et la Charte*, était une pensée de rapprochement entre les républicains et l'opposition dynastique, dans le but défini d'obtenir la réforme électorale et parlementaire. Ce rapprochement s'est réalisé par les banquets. Le parti extrême d'alors m'a beaucoup reproché ma conduite; il m'a baptisé longtemps du titre de radical-dynastique. Je suis demeuré après la révolution de février ce que j'étais auparavant, prêt à serrer la main de ceux qui veulent marcher d'un pas plus ou moins lent, plus ou moins rapide, dans les voies démocratiques; mais séparé très nettement de ceux qui, en acceptant le mot de *République*, n'ont pas accepté la chose; ceux-là sont en opposition avec le principe fondamental de notre révolution; ceux-là, s'ils arrivent jamais au pouvoir, la feront mentir à son origine, comme Louis-Philippe avait menti à la sienne.

Cette digression n'est point étrangère au sujet, puisqu'il s'agit d'expliquer pourquoi j'ai désiré de voir entrer à l'Assemblée nationale des habitants de la campagne, qui représentassent bien sincèrement ses vœux et ses intérêts, dussent-ils n'avoir point dépassé l'instruction primaire et ne jamais aborder la tribune. Il était facile de prévoir que leur nombre serait très limité, que la parole facile et brillante l'emporterait presque toujours sur le simple bon sens et l'expérience des choses; on pouvait donc peser sur ce dernier plateau de la balance sans craindre de lui assurer un trop grand avantage : la preuve en est faite aujourd'hui par la composition de l'Assemblée.

Une autre considération me déterminait plus puissamment encore. On avait commencé à exalter les ouvriers de l'industrie par des louanges et des promesses exagérées; on tendait à exagérer aussi le chiffre de leur représentation spéciale dans les villes. Il me semblait opportun et juste de rétablir l'équilibre, non pas seulement en faveur des intérêts agricoles, mais en faveur des sentiments qui dominent chez le cultivateur. Ce n'est pas de ce côté que l'on pouvait craindre aucune agression contre la propriété.

Peut-être avons-nous entrevu plus rapidement que d'autres le danger des conférences du Luxembourg, par l'habitude que nous avions des questions sociales. Reynaud en fut frappé tout d'abord, et il alla plusieurs fois trouver Louis Blanc pour essayer de le retenir sur cette pente dangereuse. Mais ses représentations furent vaines : le navire était lancé, un naufrage seul pouvait désormais l'arrêter.

C'est donc à force d'ignorance ou de confusion volontaire que l'on est parvenu à signaler, dans quelques publications autorisées par mon ministère, des points de ressemblance avec les doctrines dont il s'agit. Dans toutes ces publications, au contraire, et mes convictions n'eussent pas permis qu'il en fût autrement, le droit de propriété individuel et la sainteté de la famille sont proclamés sans ambiguïté.

On a vu que dans la circulaire du 6 mars, j'annonçais l'in
tention de faire composer des manuels destinés à servir de
guides aux instituteurs pour leur enseignement civique des
adultes. J'invitais en même temps les recteurs à en faire composer d'autres, plus particulièrement appropriés à leurs localités. La plupart d'entre eux répondirent avec empressement
à mon appel.

La plupart d'entre eux, sans croire plus que moi demander
des ignorants pour l'Assemblée nationale, commentèrent cette
pensée que l'on a dénaturée à plaisir, qu'il faut plus d'honnêteté que de savoir pour être un bon représentant.

« S'il est un homme qui, non pas depuis quinze jours, mais déjà
sous le régime déchu, se soit préoccupé de l'honneur national, un
homme qui ait montré, et dans ses relations avec ses concitoyens, et
dans ses rapports avec les dépositaires du dernier pouvoir, un caractère désintéressé, indépendant, un homme dont le cœur se soit toujours ému aux souffrances de ses frères, soyez sûrs qu'un tel homme
est un de ceux en qui vous pouvez placer votre confiance. Qu'il joigne
à ces avantages un caractère ferme, une moralité éprouvée, du bon
sens, de l'expérience, et voilà votre homme! riche ou pauvre, savant ou non. »

(*Instructions rédigées par la Commission formée à Orléans,
par M. le recteur, pour organiser l'enseignement civique
des adultes.*)

D. A quels caractères peut-on reconnaître les vrais représentants
de la nation?

R. Ces caractères, nous les avons indiqués plus haut, en esquissant
le portrait du bon citoyen.

Puisqu'il s'agit de guérir les maux actuels de la patrie, et d'organiser pour l'avenir le règne de la fraternité, choisissez pour vos mandataires les hommes en qui vous reconnaîtrez le plus de vertus privées,
de lumières, de dévouement et d'abnégation : quelle que soit la
position sociale qu'ils occupent, ils pourront représenter dignement
la nation. Si, à ces vertus privées, à ces qualités de l'honnête homme,
se joignent une intelligence élevée et des connaissances spéciales sur
les questions qui touchent à l'organisation des sociétés, alors vous
aurez rencontré les candidats les plus dignes de votre confiance.

Si ces deux ordres de qualités se trouvaient départis à deux candidats différents, n'hésitez pas ; préférez le premier au second. N'oubliez pas que pour consolider le nouvel édifice social il faudra autant et plus de vertu que de talent, plus de charité que de science.

(*Manuel des droits et des devoirs des citoyens*, rédigé par un des professeurs du lycée de Nancy et publié par l'ordre de M. le recteur.)

Quelques hommes politiques se mirent aussi à l'œuvre spontanément, parmi eux M. Ducoux, aujourd'hui préfet de police. De fort bons catéchismes politiques furent produits. Un israélite, M. Ben-Baruch, s'adressant à ses co-religionnaires, tira le sien des textes de l'Ancien-Testament.

A Paris, deux écrivains distingués par leurs travaux historiques et philosophiques, M. Henri Martin et M. Charles Renouvier, réussirent dans cette œuvre modeste et difficile.

Le petit livre de M. Martin, pratique dans sa forme, marchant droit à l'application, n'a obtenu que des éloges. Celui de M. Renouvier, au contraire, est devenu le prétexte des attaques qui ont déterminé ma retraite du ministère. Comme on le pense bien, au milieu de tant de graves préoccupations, je n'avais guère le temps de censurer des manuscrits ; et celui-ci se recommandait assez par le nom de son auteur pour en permettre la publication. Au point de vue de la morale publique et privée, il est irréprochable, en effet, comme je l'ai dit à la tribune. Quant aux principes de la famille et de la propriété, il les consacre de la manière la plus formelle (1).

_____

(1) CHAPITRE PREMIER.

FIN MORALE DE L'HOMME.

L'INSTITUTEUR. La religion vous enseigne comment vous devez vous conduire en cette vie pour vous rendre digne d'une félicité éternelle. Moi, je ne vous parle qu'au nom de la république, dans laquelle nous allons vivre, et de cette morale que tout homme sent au fond de son cœur. Je veux vous instruire des moyens d'être heureux sur la terre, et le premier mot que j'ai à vous dire

En somme, le Manuel de M. Renouvier contient des expressions que je n'approuve pas, et que lui-même devrait modifier ; il contient des assertions que je contesterais. Mais il est sérieux et savant, dans le fond et dans la forme, comme son auteur. Ne perdons pas de vue d'ailleurs qu'il n'a jamais été destiné, quoi qu'on en ait dit, à la lecture des enfants.

---

est celui-ci : Perfectionnez-vous. Vous ne deviendrez vraiment heureux qu'en devenant meilleur.

L'Élève. Qu'entendez-vous par le perfectionnement de l'homme ?

L'Instituteur. J'entends que l'homme se perfectionne lorsqu'il s'approche le plus qu'il peut d'être complet selon sa nature.

L'Élève. Que faudrait-il pour qu'un homme fût complet selon sa nature ?

L'Instituteur. Il faudrait que les affections de son cœur trouvassent pleine satisfaction dans la famille, dans la patrie et dans l'amitié ; il faudrait que son intelligence fût cultivée ; il faudrait enfin qu'il pût déployer son activité selon ses forces et ses dispositions naturelles.

CHAPITRE QUATRIÈME.

DEVOIRS DE L'HOMME ET DU CITOYEN.

L'Élève. Qu'appelez-vous un devoir ?

L'Instituteur. Un devoir est une règle de conduite à laquelle nous nous sentons obligés par la conscience ou par le cœur.

L'Élève. Pouvez-vous me dire quel est le premier devoir de l'homme ?

L'Instituteur. Le premier devoir de l'homme est de vivre, tout comme le premier devoir de ses semblables est de lui en fournir les moyens. Un homme peut toujours être cause de quelque bien pour ses frères.

L'Élève. Il est donc mal de se détruire soi-même ?

L'Instituteur. Oui, c'est très mal, car celui qui se détruit par désespoir aurait pu faire beaucoup de bien en exposant sa vie pour les hommes.

L'Élève. Quel est le devoir qui vient après le devoir de vivre ?

L'Instituteur. C'est le devoir de faire un bon emploi de sa vie. Et ce devoir se divise en deux, parce qu'il y a, comme je vous l'ai déjà expliqué, deux degrés dans le perfectionnement de l'homme.

L'Élève. Nommez-moi ces deux devoirs.

L'Instituteur. L'un est le devoir de justice : il nous ordonne de respecter l'homme, notre semblable, et tout ce qui est à lui. L'autre est le devoir de fraternité : nous y serons fidèles si nous faisons tous nos efforts pour que la société des hommes soit une société de frères.

L'Élève. Y a-t-il encore d'autres devoirs de l'homme ?

L'Instituteur. Non, tous les devoirs sont compris dans les deux que je

On a dit aussi , avec la même inexactitude, qu'un recteur d'académie avait donné sa démission pour ne pas se faire le propagateur de ce livre.

Un seul recteur s'est retiré postérieurement à la publication des Manuels, et sa retraite a eu lieu dans des circonstances que je vais être obligé d'exposer avec quelque détail.

---

viens de vous nommer. Par exemple, il faut honorer ses parents et respecter le mariage, parce que cela est juste; et il ne faut jamais tromper ni mentir, parce que cela est injuste et aussi parce qu'on doit la vérité à ses frères.

L'Élève. Auriez-vous encore quelque grand exemple de devoir à me citer?

L'Instituteur. Oui, il est un devoir qui a été longtemps méconnu et qu'un fameux philosophe nommé Voltaire a prêché toute sa vie. C'est le devoir de tolérance. Il consiste à n'imposer jamais ses sentiments par la force, à respecter les convictions, les cultes, enfin la conscience de tous les hommes. Ce respect est juste, et il n'y a pas de fraternité possible entre des hommes qui n'en sont pas pénétrés.

L'Élève. Parlez-moi maintenant des devoirs du citoyen.

L'Instituteur. Le premier devoir du citoyen est d'obéir à la loi.

L'Élève. Pourquoi le citoyen doit-il obéissance à la loi?

L'Instituteur. Le citoyen doit obéissance à la loi, parce que la loi est l'expression de la volonté du Peuple manifestée par ses représentants. Celui qui refuserait cette obéissance dans une république usurperait le pouvoir souverain et mettrait sa volonté à la place de la volonté de tout le peuple, ce qui serait injuste et causerait la ruine de la république.

L'Élève. Est-ce tout que d'obéir à la loi?

L'Instituteur. La loi, dans la république, n'admet aucune distinction de naissance entre les citoyens, aucune hérédité de pouvoir. Les fonctions civiles et politiques n'y sont jamais des propriétés. Tous les citoyens y sont également admis aux emplois sans autre distinction que leurs vertus et leurs talents. Enfin, la loi est la même pour tous, soit qu'elle protège, soit qu'elle punisse.

L'Élève. J'ai cru jusqu'ici, lorsqu'on m'a parlé de l'égalité, qu'on ne voulait pas seulement donner les mêmes droits à tous les hommes, mais aussi la même existence et les mêmes biens.

L'Instituteur. Vous ne vous êtes trompé qu'à demi. La république ne veut pas la parfaite égalité des conditions, parce qu'elle ne pourrait l'établir qu'en dépouillant les citoyens de leur liberté. Mais, la république veut s'approcher de cette parfaite égalité, autant qu'elle le peut, sans priver le citoyen de ses droits naturels, sans faire de lui l'esclave de la communauté.

La devise de la république est : Liberté, Égalité, Fraternité. S'il n'y avait que liberté, l'inégalité irait toujours croissant et l'État périrait par l'aristocratie; car les plus riches et les plus forts finiraient toujours par l'emporter sur les plus pauvres et les plus faibles. S'il n'y avait qu'égalité, le citoyen ne

Un certain nombre d'ecclésiastiques occupent des fonctions universitaires. Celle du professorat me semble parfaitement compatible avec leur caractère; mais il n'en est pas de même des fonctions administratives, telles que le rectorat et le provisorat. Les proviseurs, par exemple, sont souvent en même temps les confesseurs de leurs élèves, inconvénient bien des fois signalé.

Déterminé comme je l'étais à établir une distinction bien nette entre l'éducation religieuse et l'éducation donnée au nom

---

serait plus rien, ne pourrait plus rien par lui-même, la liberté serait détruite et l'État périrait par la trop grande domination de tout le monde sur chacun. Mais la liberté et l'égalité réunies composeront une république parfaite, grâce à la fraternité. C'est la fraternité qui portera les citoyens réunis en Assemblée de représentants à concilier tous leurs droits, de manière à demeurer des hommes libres et à devenir, autant qu'il est possible, des égaux.

CHAPITRE SEPTIÈME.

DE LA SÛRETÉ ET DE LA PROPRIÉTÉ.

L'Élève. N'a-t-on pas mis souvent la sûreté et la propriété au nombre des droits de l'homme?

L'Instituteur. Oui; mais le premier de ces droits était presque inutile à nommer; il est le fond de toutes les libertés et il résulte de l'institution même de la société, car le résultat essentiel d'une république bien réglée est d'assurer protection à chaque citoyen pour la conservation de sa personne, de ses droits et de tout ce qui est à lui.

L'Élève. Que veulent dire ces mots : *tout ce qui est à lui?* Est-ce de la propriété que vous voulez parler?

L'Instituteur. Oui, c'est de la propriété, cet autre droit que vous nommiez tout à l'heure et qui n'est aussi qu'une sorte de liberté.

L'Élève. Expliquez-moi clairement ce que c'est que la propriété.

L'Instituteur. La propriété est le fruit du travail de l'homme. On lui donne ce nom parce que l'homme peut en jouir et en disposer dans la mesure fixée par la loi.

L'Élève. Pourquoi dites-vous que c'est une sorte de liberté?

L'Instituteur. Parce que si le fruit du travail de l'homme était à la république au lieu d'être à lui, si la république pouvait en disposer et en faire jouir qui bon lui semble, l'homme ne serait pas loin d'être l'esclave de la république. Il lui devrait sa subsistance et n'aurait la liberté de vivre que par elle.

L'Élève. Expliquez-moi maintenant quelque chose qui m'embarrasse beaude l'État, je résolus de ne point augmenter le nombre des fonctionnaires administrateurs appartenant à l'ordre ecclésiastique, et de remplacer successivement par des laïques ceux qui viendraient à prendre leur retraite.

Or, un recteur, prêtre lui-même, m'était particulièrement signalé comme ayant peuplé d'ecclésiastiques les établissements de son Académie. Ce recteur avait d'ailleurs d'excellents services et quoique âgé il pouvait en rendre encore. Je ne songeais donc pas à le mettre à la retraite.

---

coup et m'empêche de comprendre vos explications. Vous me dites que la propriété est le fruit du travail, et je vois des hommes qui n'ont pas travaillé avoir en propriété de l'argent avec lequel ils gagnent d'autre argent sans rien faire. J'en vois encore qui ont des terres et les font travailler par d'autres, en les payant, et puis prennent pour eux les récoltes. Si c'est le fruit du travail qu'on appelle propriété, une ferme devrait appartenir au fermier plutôt qu'à celui qu'on appelle propriétaire.

L'Instituteur. Je ne vous ai pas seulement dit que la propriété était le fruit du travail, mais aussi que l'homme pouvait en jouir et en disposer d'après la loi. Il résulte de là que si quelque citoyen a fait des économies sur ce fruit, et qu'il dispose de ces économies en faveur de quelque autre citoyen, par exemple, de son propre enfant, ce dernier pourra jouir de ce qu'il n'a pas produit lui-même. Vous savez qu'on appelle cela *donation et héritage*. Mais il y a quelque chose de plus : c'est qu'un citoyen, maître d'une certaine quantité de richesse qu'il a accumulée ou qu'on lui a transmise, peut la prêter, sous des conditions que fixe encore la loi, à un autre citoyen à qui elle est utile; celui-ci lui fait en retour certains avantages sur son travail ou sur son propre avoir. Et vous savez aussi qu'on appelle cela *capital* et *intérêt* du capital.

L'Élève. Croyez-vous que les droits de donner, de tester et de prêter à intérêt soient des droits naturels? La loi les reconnaît aux citoyens, mais ne pourrait-elle pas les leur refuser pour l'utilité du plus grand nombre qui ne possède pas ou qui possède si peu de richesse?

L'Instituteur. Je crois que la loi qui abolirait ces droits diminuerait beaucoup la liberté de l'homme, placerait le citoyen dans une trop grande dépendance de la république, l'atteindrait dans sa dignité et compromettrait l'existence matérielle de la famille en la confisquant au profit de la grande communauté. La propriété est encore un stimulant pour le travail, une cause de progrès pour l'agriculture et pour l'industrie.

. . . .

. . . .

En dehors de l'ordre politique que l'Assemblée va créer, il existe un ensemble de lois qui nous régissent et dans lesquelles il s'en faut que tout soit à refaire à neuf. La révolution, qui a emporté les rois, les pairs et les députés, respecte la famille, le mariage, les testaments et les tribunaux.

Sur ces entrefaites il se révéla, entre lui et un autre fonctionnaire de la même Académie, une mésintelligence si grave, qu'il devenait impossible de les laisser en présence l'un de l'autre. Je résolus d'éloigner le recteur. Mais afin d'ôter à cette mesure tout ce qu'elle pouvait avoir de pénible pour lui, je priai l'un de mes amis, son concitoyen, de vouloir bien lui écrire officieusement pour l'engager à prendre lui-même l'initiative. L'abbé Daniel demanda sa retraite, en me priant d'y ajouter le titre de recteur honoraire, qui lui fut aussitôt accordé.

Telle est l'histoire de cette démission que l'on a faussement expliquée par un refus de distribuer le *Manuel Renouvier*. M. Daniel affirme, dans une lettre envoyée aux journaux, qu'il s'est abstenu de cette distribution. C'est ce que j'ai appris par sa lettre seulement. S'il avait reconnu dans le livre des principes dangereux, c'était un devoir pour lui, un devoir de conscience, que de les signaler au ministre.

Je n'en ai pas fini avec la circulaire du 6 mars. Elle contenait aussi des encouragements pour ceux des instituteurs primaires qui, se sentant une vocation plus élevée, voudraient briguer les suffrages de leur concitoyens, et aller s'asseoir sur les bancs de l'Assemblée nationale. Ces encouragements avaient surtout pour objet de rehausser à leurs propres yeux la magistrature populaire dont ils sont investis, et d'activer leur patriotisme. Quelques uns, mais en très petit nombre, ont méconnu le véritable sens de mes instructions et abusé de leur influence ; l'immense majorité n'en a fait emploi que dans un but légitime et d'une manière honorable. Je n'aurais pas d'ailleurs autorisé, comme ministre, ce que j'avais combattu comme député : la lettre suivante en fait foi. Elle fut adressée à un inspecteur de l'instruction primaire, qui passait pour avoir profité de sa position pour servir sa propre candidature.

« Monsieur, je reçois un rapport de MM. les commissaires du gouvernement, duquel il résulte que, pour soutenir votre candidature à la représentation nationale, vous n'avez pas craint d'user de l'influence que vous donnent vos fonctions, en cherchant à séduire par des promesses ou à intimider par des menaces les instituteurs du département de ***, et en portant ainsi atteinte à la liberté des suffrages.

» Je dois blâmer hautement, monsieur, la conduite que vous avez tenue. J'aime à croire que, mieux éclairé sur vos devoirs, vous reconnaîtrez la nécessité d'apporter immédiatement, dans vos relations avec les instituteurs, toute la réserve et toute la circonspection que commande le titre dont vous êtes revêtu. Je regrette de me trouver forcé de vous adresser cet avertissement. J'espère que vous ne le perdrez pas de vue. »

Comme je l'ai dit, en même temps qu'aux instituteurs je parlais aux curés. Mes efforts constants ont eu pour but de rattacher le clergé inférieur à la république. La France n'oublie pas qu'en 1789 les curés se réunirent au tiers-état de l'Assemblée nationale. Les gouvernements passés, qui ne voyaient guère dans la religion qu'un moyen politique, marchandaient sans cesse avec le clergé dans une pensée d'intérêt. Ils le favorisaient ou lui tenaient rigueur selon l'état des négociations. Il appartenait au gouvernement républicain de le convier franchement à l'exercice de tous les droits et de tous les devoirs civiques.

Nous comptions donc sur le clergé. Nous n'avions qu'une crainte, qui s'est malheureusement réalisée dans quelques localités, c'est la force de ses engagements avec une cause ancienne. Il a quelquefois donné la préférence à un parti sur la nation. Combien un ralliement sans réserve eût augmenté son influence et grandi sa mission !

J'ai la conscience de n'avoir rien négligé pour l'obtenir, et de n'avoir point été dirigé en cela par un esprit de tactique politique.

Dès le 29 février, je fis rendre par le gouvernement provisoire un décret qui changeait l'ancienne formule du *Domine salvum*. Le 11 mars, j'adressai aux évêques la circulaire suivante :

Monsieur l'évêque, *le Moniteur officiel de la République* du 29 février dernier a porté à votre connaissance le décret par lequel le

Gouvernement provisoire, fermement résolu à maintenir le libre exercice de tous les cultes, et voulant associer la consécration du sentiment religieux au grand acte de la liberté reconquise, invite les ministres de tous les cultes qui existent sur le territoire de la république à appeler la bénédiction divine sur l'œuvre du peuple, à invoquer à la fois sur lui l'esprit de fermeté et de règle qui fonde les institutions.

Spécialement, le décret invite M. l'archevêque de Paris et MM. les archevêques et évêques de la république à substituer à l'ancienne formule de prière les mots *Domine salvam fac Rempublicam*.

Je vous remets ci-joint une expédition officielle de ce décret.

Déjà, sans doute, monsieur l'évêque, vous étiez allé au-devant de ce désir, et, comme le clergé de Paris, vous aviez pris l'initiative de prières publiques pour la consolidation de l'œuvre du peuple. Cependant, comme il importe d'établir une complète uniformité dans les prières de tous les diocèses, j'ai cru devoir appeler votre attention sur la nécessité de suivre la formule indiquée par le décret du Gouvernement provisoire, et qui se trouve également prescrite par l'article 8 de la loi du 18 germinal an x.

Si vous n'aviez pas encore donné d'instruction en ce sens, je vous prierai de ne pas tarder davantage à le faire.

L'accomplissement de ce devoir légal est en harmonie avec les sentiments hautement exprimés par le clergé français. Il n'a pas pu voir, sans être profondément ému des conséquences d'un si grand événement, la république proclamer, après les avoir reconquis, les principes de liberté, d'égalité, de fraternité, trop longtemps méconnus par les gouvernements.

Ces principes, qui forment la base de la morale que la religion enseigne au monde, ont triomphé dans la victoire du peuple ; ils entrent désormais dans le domaine des institutions de la France, et vont donner aux rapports des citoyens un caractère nouveau. Ils amèneront le règne de la justice, et, par une plus équitable répartition des droits et des avantages sociaux, ils feront succéder à la lutte des intérêts un esprit de mutuelle bienveillance.

Le clergé, dans ses unanimes adhésions, a considéré ainsi l'avénement de la république. Son assentiment, j'en ai la confiance, n'est pas seulement cette vague soumission à toute forme de gouvernement établi, que l'Église a pu vouloir pratiquer, en présence de changements qui ne faisaient que déplacer des couronnes et substituer des dynasties à des dynasties. Le clergé apporte à l'ordre nouveau une sympathie plus réelle. En s'empressant de proclamer dans ses prières la république que le peuple vient de fonder par l'énergie de sa volonté souveraine, le clergé a senti que l'inauguration du principe républicain ouvrait une ère nouvelle aux sentiments nobles et élevés que Dieu a mis au cœur de l'homme, et que la religion a mission de développer.

Dans cette reconstitution des droits et des intérêts de tous, le clergé, aux différents degrés de la hiérarchie, a dû comprendre que les droits et les intérêts de la religion, comme ceux de ses ministres, seraient protégés par les institutions, comme ils l'ont été par le respect du peuple dans les glorieuses journées. Ce ne sera pas cet appui vacillant et incertain que les princes ont souvent prêté à la religion, dans l'espoir de l'associer aux mauvais desseins de leur politique : le clergé trouvera une protection plus solide et plus durable dans la conformité de ses sentiments avec ceux du peuple.

Que les ministres de la religion aient donc foi dans la république ; qu'ils tournent les yeux avec confiance vers l'Assemblée nationale, appelée par les suffrages du peuple à régler les destinées du pays. De cette assemblée découleront, comme d'une source féconde, pour les diverses conditions de la société, toutes les libertés qui sont de l'essence du gouvernement républicain.

Ainsi, monsieur l'évêque, attachez-vous à bien faire apprécier à votre clergé l'importance de la manifestation solennelle à laquelle il va prendre part. Dans de si graves circonstances, la responsabilité est grande pour tout le monde. Ne laissez pas surtout oublier aux prêtres de votre diocèse que, citoyens par la participation à l'exercice de tous les droits politiques, ils sont enfants de la grande famille française, et que, dans les assemblées électorales, sur les bancs de l'Assemblée nationale, où la confiance de leurs concitoyens pourrait les appeler, ils n'ont plus qu'un seul intérêt à défendre, celui de la patrie, intimement uni à celui de la religion.

Recevez, monsieur l'évêque, l'assurance de ma haute considération.

Le ministre provisoire de l'instruction publique et des cultes,

CARNOT.

Les sentiments exprimés dans cette circulaire ont été ceux de tous mes actes. Lorsque des difficultés, s'élevant entre l'autorité civile des commissaires du gouvernement et l'autorité religieuse des évêques, m'ont forcé d'intervenir, j'ai toujours procédé par voie de conciliation, et j'ai presque toujours réussi.

C'est ce j'ai fait particulièrement à l'occasion de quelques ecclésiastiques suspendus par les arrêtés des commissaires, ou éloignés de certaines communes par des manifestations populaires. Je n'ai jamais consenti à employer contre les récalcitrants la suppression du salaire, arme peu digne à mon gré d'un gouvernement qui a pour lui la force morale.

J'ai empêché que les églises ne fussent détournées de leur destination religieuse pour la tenue de réunions politiques.

Consulté sur la question de savoir s'il fallait interdire les processions extérieures du culte catholique, j'ai invité les préfets à ne tenir compte que des circonstances locales, et à faire exécuter rigoureusement la loi, là seulement où ces démonstrations pourraient occasionner des troubles.

Mais nulle part je n'ai permis à cette bienveillance de dégénérer en faiblesse.

Un évêque ayant voulu, sous différents prétextes, éluder dans son diocèse la nouvelle formule de prières qui emportait reconnaissance de la république, j'ai cru devoir le rappeler avec quelque sévérité à l'observation de la loi.

Un autre évêque ayant protesté en termes peu mesurés et par une lettre envoyée aux journaux, contre des actes administratifs étrangers à son diocèse, et provoqué ainsi publiquement à la désobéissance, j'ai vu dans ce fait éclater un esprit turbulent, peu en harmonie avec la situation calme et modérée du pays pour tout ce qui concernait les intérêts religieux ; mais je me suis borné à faire insérer cette lettre au *Moniteur*, afin de laisser à la raison publique le soin d'en apprécier la convenance.

Enfin, M. l'archevêque de Lyon ayant hautement attaqué une décision du commissaire de la République contre certaines associations non autorisées, j'ai cru devoir prendre à son égard les ordres du gouvernement provisoire, et sur ces ordres je lui ai répondu par la lettre suivante. Cette lettre est d'ailleurs, comme on le verra, parfaitement conforme aux principes que j'avais émis en 1846, devant les députés de l'association pour la liberté religieuse.

Paris, le 23 mars 1848.

Monsieur le cardinal, vous m'avez fait l'honneur de m'écrire pour appeler mon attention sur un arrêté pris par M. le commissaire provisoire du Gouvernement dans le département du Rhône, à l'effet d'ordonner la dissolution de diverses associations religieuses, qui s'étaient établies sans autorisation dans votre diocèse. Vous vous élevez contre cette mesure, qui vous paraît constituer une atteinte à la liberté religieuse et au droit d'association.

La liberté religieuse, monsieur le cardinal, a été solennellement reconnue par le Gouvernement provisoire, dans un de ses premiers actes; celle des associations n'est pas plus contestée. La République n'hésite devant la consécration d'aucuns droits; elle les garantit tous, et le Gouvernement provisoire n'entend pas faire obstacle à ce que les citoyens se réunissent pour accomplir en commun des actes de religion ou de bienfaisance, pas plus qu'il ne s'oppose à ce qu'ils s'assemblent pour l'exercice de leurs droits politiques.

Le Gouvernement provisoire tient à ce qu'aucun doute ne puisse s'établir à cet égard dans les esprits.

Mais vous reconnaîtrez en même temps, monsieur le cardinal, que là même où la liberté est le mieux reconnue et le plus largement pratiquée, l'ordre et la sûreté publique ont aussi leurs droits, qui deviennent des devoirs pour l'autorité, dans des circonstances graves. Et je n'ai pas besoin de vous faire observer que, dans ces cas, les mesures de police, souvent rendues nécessaires par ceux mêmes qu'elles semblent frapper, au lieu d'être une attaque contre les principes ou les personnes, sont, au contraire, pour les uns et les autres, une protection véritable.

J'ajouterai, dans l'espèce, une considération essentielle : par cela même que le Gouvernement provisoire n'hésite pas à reconnaître hautement la liberté des associations religieuses, il a le droit d'exiger en retour que ces associations religieuses ne se constituent pas en dehors et au-dessus des règles qui, de tout temps, ont fait la base du droit public français, et que la république doit et veut maintenir avec fermeté.

Si des associations peuvent, en principe, se former librement, ce ne doit être non plus que sous la réserve que ces associations, purement privées, n'affecteront pas le caractère de corps constitués ayant une existence propre; qu'elles n'essayeront pas de faire, par personnes interposées, les actes de la vie civile, dont la reconnaissance légale aurait seule pu les rendre capables; qu'enfin elles n'auront pas pour fondement des *vœux* qui seraient en désaccord avec l'esprit non moins qu'avec le texte de la législation du pays. Du moment donc que ces associations se seraient produites avec ces caractères, au mépris des règles que je viens de rappeler, de telles infractions ne sauraient évidemment leur constituer aucun droit, et, à ce titre, elles peuvent, le cas échéant, être supprimées.

C'est dans cet ordre d'idées qu'a dû nécessairement se placer M. le commissaire du département du Rhône lorsqu'il a jugé opportun, à raison des circonstances, de prendre l'arrêté contre lequel vous réclamez et dont il lui appartient de régler l'application suivant les nécessités et les convenances locales. Le Gouvernement provisoire ne peut donc que donner son adhésion la plus complète à des mesures que ce fonctionnaire n'a prises que conformément à ses intentions, dans le cercle des pouvoirs qu'il avait reçus, et dans l'esprit des lois nationales. J'ai pu apprécier d'ailleurs que l'exécution donnée à son arrêté n'avait manqué ni de réserve ni d'une sage modération.

Recevez, monsieur le cardinal, l'assurance de ma haute considération.

Le ministre provisoire de l'instruction publique
et des cultes,

CARNOT.

Le ministre de la religion et le maître d'école sont à mes yeux, je l'ai dit, les colonnes sur lesquelles doit s'appuyer l'édifice républicain. Si ma pensée était d'élever moralement et matériellement la fonction de l'instituteur, elle était la même à l'égard du curé de campagne. L'instruction du jeune clergé dans les séminaires est très arriérée. Or s'il est important, dans l'ordre civil et militaire, de pourvoir à un bon recrutement des fonctions publiques ; si l'État veille à ce que dans les écoles spéciales qui fournissent à ces services le niveau des études se maintienne à une grande élévation, l'État a plus d'intérêt encore à prendre les mêmes soins à l'égard du clergé, puisque l'éducation morale des populations est surtout son ouvrage. Il est essentiel de s'assurer que les jeunes gens qui se destinent à la prêtrise sont éclairés par de fortes études, et qu'ils sont préparés au sacerdoce par une éducation à la fois religieuse et nationale.

Je me proposais donc de faire inspecter au nom de l'État les écoles spéciales consacrées aux différents cultes, et de confier l'inspection des séminaires catholiques à des ecclésiastiques respectés et animés de sentiments favorables au régime républicain. Ils auraient eu pour mission de constater la situation des études et de proposer les modifications qu'ils eussent jugées nécessaires. La prochaine réunion de l'Assemblée nationale et l'attente d'une constitution qui réglera définitivement les rapports de l'État et de l'Église, déterminèrent l'ajournement de mes projets.

L'ensemble de ces projets, on le voit bien, tendait à toute autre chose qu'à la séparation de l'Église et de l'État. Le clergé catholique, selon moi, n'est que trop disposé, par l'éducation qu'il reçoit et par la position qu'on lui a faite jusqu'ici, à se tenir à l'écart du grand mouvement national.

Pour combattre cette fâcheuse tendance, il serait à souhaiter que le clergé se recrutât de plus en plus dans les établissements d'instruction publique, et ne se séparât de ses jeunes contemporains que pour aller recevoir au grand séminaire l'instruction spéciale indispensable pour l'exercice du ministère sacré. On verrait ainsi le clergé abandonner un esprit de corporation très opposé à l'esprit républicain, contracter les habitudes nationales et conserver seulement avec un état étranger le lien spirituel qui le rattache au chef suprême de l'Église.

Telles sont les intentions d'après lesquelles je me dirigeais, en m'applaudissant des facilités que me donnait pour cela mon double titre de ministre des cultes et de ministre de l'instruction publique. Ces intentions, je le sais, comptent beaucoup d'adversaires. Cependant je les crois celles d'un véritable ami de la religion et du pays.

Si ma préoccupation à l'égard du clergé était de détruire chez lui l'esprit de corporation, elle était la même à l'égard de l'Université, qui forme aussi de son côté une petite église. C'est en rattachant plus intimement ces deux corps à l'unité nationale que j'espérais faire cesser leurs anciennes rivalités. Dès ma première circulaire du 25 février, je manifestai ce désir; j'en ai renouvelé l'expression dans mon rapport à l'Assemblée nationale le 6 mai.

Le conseil de l'Université devait se transformer en un conseil de l'instruction publique, embrassant toutes les divisions et tous les degrés de l'éducation.

Mais, bien que dans ma pensée sa mission dût être agrandie et généralisée, je ne croyais pas devoir l'appeler à se réformer lui-même, me réservant de consulter individuellement les honorables membres dont il se compose, et dont l'expérience m'eût été précieuse.

Je respectai donc son organisation et son personnel, et je résolus de le laisser sage conservateur de la règle et de la discipline aussi longtemps que la règle et la discipline ne seraient point changées. Lorsqu'on se sent assez de fermeté et de persévérance pour accomplir une œuvre, on peut se passer de la force momentanée que prête l'élan révolutionnaire, et marcher au but avec lenteur et maturité.

Ainsi que je l'ai dit dans l'exposé justificatif des actes de mon administration, j'ai cru qu'il serait imprudent d'entreprendre de grandes réformes dans l'instruction secondaire au milieu d'une année d'études. J'ai donc fait continuer ces études sans innovation ; j'ai conservé l'ensemble du personnel enseignant et administrateur. Les changements que j'aurais faits alors eussent été nécessairement aveugles ou dictés par des renseignements intéressés. Cette continuation des études classiques avait un autre avantage encore, celui de permettre à certaines industries, telles que l'imprimerie, la librairie, la reliure, de ne point congédier leurs ouvriers. Je m'empressai de les tranquilliser en les engageant à poursuivre leurs travaux.

C'est ici peut-être que fut ma tâche la plus difficile. Les prétentions personnelles exorbitantes, les plans déraisonnables ou prématurés mirent à l'épreuve ma patience et ma fermeté ; chacun voulait tout changer, tout changer en un jour, et surtout profiter du changement.

Il était impossible que la commotion générale demeurât sans influence sur les établissements scolaires. Beaucoup de familles rappelaient leurs enfants auprès d'elles. Cette désertion se fit sentir dans les écoles spéciales de droit et de médecine, aussi bien que dans les lycées et les institutions privées ;

les inquiétudes politiques y contribuèrent, et plus encore peut-être l'embarras universel des affaires. Il faut ajouter que, malgré le zèle et la prudence des administrateurs, les émotions du dehors eurent quelquefois leur contre-coup au dedans; plusieurs actes d'insubordination furent réprimés. Je crois, dans ces circonstances, n'avoir dépassé les limites de la modération ni dans les exemples de sévérité ni dans les exemples d'indulgence.

En somme, les études classiques ont souffert cette année quelque irrégularité. On aurait pu craindre que les concours en portassent le témoignage; mais le grand concours de Paris qui vient de se terminer donne un démenti à ces appréhensions. Peut-être aussi l'agitation des intelligences, l'appel aux idées générales, le bouillonnement des sentiments patriotiques, ne seront-ils pas en définitive sans quelques avantages pour le développement moral de cette jeunesse qui nous suit.

Tout en maintenant le travail et l'administration des lycées dans leur marche habituelle, je mettais à l'étude les réformes les plus prochaines. — Les bourses, actuellement distribuées par un arbitraire plus ou moins éclairé, devaient se transformer en un système généreux et régulier d'adoption par l'État en faveur des élèves les plus distingués des écoles primaires. — Les collèges communaux devaient être érigés en lycées de seconde classe, tout en laissant à la charge des départements, pour ne point grever sans nécessité le trésor public, les dépenses d'entretien qui leur incombent aujourd'hui. — Des lycées nouveaux devaient être créés dans les quartiers de Paris qui en sont privés. La concentration des établissements de hautes études peut avoir certains avantages, mais l'enseignement primaire et l'enseignement secondaire doivent être avant tout mis à la portée des familles. — La salubrité et le régime hygiénique des lycées et des collèges, la juste proportion des heures destinées au travail et à la récréation, à la gymnastique, à la promenade et au sommeil, toutes ces questions ont été approfondies dans une commission spéciale, présidée par l'honorable M. Serres, et à laquelle ont apporté le tribut de leur expérience MM. Trélat, Bouillaud,

Geoffroy Saint-Hilaire, Foster, Rayer, Falret, etc. — La situation des maîtres d'étude et des maîtres élémentaires dans les
lycées nous a également préoccupés. L'autorité des chefs d'é-
tablissement est en défaut à leur égard, sans qu'il leur soit
assuré une suffisante indépendance; enfin, ni le genre de service auquel ils sont astreints, ni la préparation à ce service,
ni l'avenir qui leur est ouvert, ne sont en rapport avec le caractère et l'importance de la fonction. Il y a là l'un des pro-
blèmes difficiles et fondamentaux de l'instruction secondaire.
— Je ne mets pas au rang des questions à l'étude celle de l'é-
ducation des femmes, parce qu'il s'agit ici d'ouvrir un monde
tout nouveau, parce que ce n'est pas le ministère de l'instruction publique, mais le gouvernement tout entier qui doit un
jour la traiter. Cependant j'ai songé très sérieusement à la
création d'une école normale supérieure pour les institutrices,
correspondante à celle qui forme le personnel de nos professeurs. Après de nombreuses recherches, je m'étais arrêté
à l'idée d'une régénération de la maison de Saint-Denis.

En dehors de ces grandes réformes que l'avenir doit amener,
un avenir aussi prochain que possible, quelques améliorations
étaient commandées par les circonstances nouvelles. La révolution qui venait de s'accomplir prenait son origine dans celle
que nos pères ont faite. Principes, traditions, symboles,
chants et mots de ralliement, tout y était puisé; et cependant
l'histoire de la révolution de 1789 était un livre fermé pour
nos enfants; l'histoire de la France se terminait pour eux avant
la chute de la monarchie des Capets. Il fut résolu qu'à dater
de la prochaine année scolaire, l'histoire de la révolution française entrerait dans le cadre des études classiques.

Cependant les jeunes élèves des lycées demandaient, et
cette requête était légitime, à ne point demeurer étrangers
aux grands événements qui intéressaient leur pays; d'un autre
côté, j'étais informé que des journaux et des brochures dont
la lecture pouvait devenir très pernicieuse, commençaient à
circuler entre leurs mains. La surveillance la plus rigoureuse
eût provoqué des désobéissances secrètes et la contrebande
des livres les plus nuisibles, dans un moment où tous les es-

prits, jeunes ou vieux, étaient vivement agités. Je consultai les chefs d'établissements, et nous convînmes ensemble que le véritable moyen d'arrêter le danger des mauvaises lectures, était d'en faire faire de meilleures.

En conséquence, je prohibai l'introduction de toute publication politique autre que le *Moniteur*. Quant au *Moniteur*, au contraire, j'en prescrivis la lecture à haute voix pendant l'heure du réfectoire. Il est bien entendu que cette lecture est faite sous la responsabilité des chefs d'établissements. Ceux-ci remplissent à l'égard des enfants confiés à leurs soins l'office du père de famille, dont le devoir est de ne rien laisser arriver sous les yeux de ses enfants qui n'ait d'abord passé devant les siens. En définitive, je crois n'avoir laissé dans le cœur de la jeunesse que des impressions de respect et d'affection ; et de mon côté je l'aime, cette jeunesse, avenir de la république, de tout l'amour que je porte à la république elle-même.

La conduite de nos écoles spéciales pendant la révolution de Février et pendant les journées laborieuses qui la suivirent, avait été digne des plus grands éloges : on avait vu partout nos jeunes gens humains, conciliants, infatigables. Mais, tandis que les uns étaient signalés par leur uniforme aux témoignages de la reconnaissance publique, d'autres, sous un costume sans apparence, partageaient les mêmes travaux, avaient les mêmes mérites ; il nous a paru juste de leur valoir la même récompense morale, en leur donnant un vêtement moitié civil, moitié militaire, en harmonie avec nos mœurs nouvelles qui font de chaque citoyen un soldat de la liberté. Il s'écoule d'ailleurs bien peu de temps aujourd'hui entre la rhétorique et le service militaire.

L'École normale a dignement inauguré son nouvel uniforme par son zèle pour la défense de l'ordre en juin.

Ce n'était pas tout ; la république met entre les mains de chaque citoyen un fusil pour veiller à la sûreté générale : elle doit lui enseigner de bonne heure à en faire usage. J'ai introduit dans les lycées et dans les collèges l'apprentissage de la manœuvre, en prescrivant toutefois de lui donner le caractère d'un exercice gymnastique propre à développer la force et la souplesse des membres. L'idée n'était pas nouvelle pour moi. J'avais, il y a dix ans, esquissé un système d'après lequel cet apprentissage se faisant peu à peu dans les écoles, le temps du service militaire pouvait être réduit de tout ce qui est nécessaire pour former un conscrit au maniement des armes (1).

La gratuité de l'École normale supérieure, proposée par moi, le 4 juillet, et votée par l'Assemblée nationale après ma sortie du ministère, était un retour à l'ancien état de choses. Cette gratuité avait été complète jusqu'au jour où, pour augmenter le nombre des élèves, sans augmenter les frais de l'établissement, on divisa en demi-bourses la moitié des bourses entières qui lui étaient affectées. Après l'adoption du principe de gratuité pour l'École polytechnique et pour celle de Saint-Cyr, il eût été d'autant plus injuste de ne point accorder la même faveur à l'École normale, que peu de familles riches ou même aisées destinent leurs enfants à la carrière de l'enseignement, carrière pénible autant qu'honorable, peu lucrative et toute de dévouement.

La rédaction de la loi d'instruction primaire se poursuivait avec activité dans le sein d'une réunion peu nombreuse, chargée de coordonner les travaux préparés par la haute commission. Mais en attendant, nous nous occupions des établissements qui reçoivent l'enfant du pauvre au seuil de la vie, les crèches et les salles d'asile. Les crèches rentrent dans la catégorie de ces institutions de charité que l'extrême misère rend indispensables, mais qu'accompagnent toujours des inconvénients moraux. Les crèches permettent à la mère de famille d'aller gagner un salaire nécessaire; mais, en facilitant son travail hors de la maison, elles portent une atteinte à la vie intérieure. Les salles d'asile elles-mêmes ne sont pas complètement exemptes de ce reproche. Il faut veiller sur ces intéressants établissements, il faut les améliorer, mais les

(1) *Des devoirs civiques des militaires.* 1838.

maintenir strictement dans les limites de la nécessité. Ils sont, par leur nature, destinés à se restreindre en même temps que s'augmente le bien-être général. Plus il sera permis à la mère d'être mère chez elle, moins l'État devra la suppléer par des soins étrangers.

Nous n'avons pas voulu comprendre les salles d'asile dans la loi d'instruction primaire, pour éviter un tort dans lequel on est tombé souvent : celui de faire de la salle d'asile une petite école où l'instruction devient un objet principal. Elle n'est ni une école d'instruction, ni un lieu de refuge pour les enfants privés de leurs parents : elle participe des deux natures. L'enfant doit y trouver l'éducation qu'il recevrait de sa mère : c'est-à-dire les soins du corps, le langage du sentiment, et ces petits exercices destinés, non pas encore à meubler l'intelligence, mais seulement à l'entr'ouvrir.

C'est pour toutes ces raisons que nous avons effacé de leur frontispice le mot de *salles d'asile*, autrefois justifié par la qualification d'établissements charitables que leur attribuait l'ordonnance du 22 décembre 1837, mais impropre désormais à des établissements d'instruction publique. Nous leur avons choisi le nom plus doux et plus vrai d'*écoles maternelles*.

La bonne tenue de ces petits établissements, si grands dans leurs résultats, exige des qualités particulières, une préparation toute spéciale. Il est de la plus haute importance de former des directrices qui propagent les méthodes sanctionnées par l'expérience. Tel est l'objet de l'*école maternelle normale*, instituée par mon arrêté du 28 avril. A cette école normale est annexée une école maternelle, où les apprenties directrices sont admises à s'exercer. J'ai placé à la tête de cet établissement une femme qui avait fait doublement ses preuves, comme auteur d'un livre excellent, couronné par l'Académie française, et comme directrice pratique de salles d'asile depuis 1835, mademoiselle Marie Carpantier.

J'avais accueilli avec empressement une pensée émanée de la haute commission, mais que les circonstances politiques ont empêché de réaliser : c'était celle de réunir dans une fête de l'enfance les élèves des écoles de Paris, pour distribuer solennellement, à ceux qui se seraient le plus distingués, des places gratuites, soit dans les écoles primaires supérieures ou dans les lycées, soit dans les écoles d'arts et métiers ou les fermes modèles. Une telle fête, présidée par Béranger, qui avait accepté cette mission avec un enthousiasme véritablement patriotique, aurait eu un caractère original et touchant; elle n'eût point déparé celles de l'Arc de-l'Étoile et de l'École militaire.

L'instruction des adultes n'a pas été plus négligée de ma part que celle des enfants. Deux jours après mon arrivée au ministère, je chargeai un homme honorable et spécial par sa profession et ses connaissances, M. Paulin, de préparer un projet relatif à l'organisation des bibliothèques communales. Ce projet est entre les mains de mon successeur, qui fondera sans doute ces institutions populaires.

M. Vaulabelle est également en possession d'un travail sur les grandes bibliothèques publiques. Je songeais surtout à créer des collections de livres usuels dans plusieurs quartiers de Paris qui sont éloignés des sources littéraires. Ces collections devaient être variées dans leur composition, selon la population du quartier.

Une institution dont on m'a su quelque gré est celle des lectures publiques du soir. Ces lectures avaient un double but: accoutumer les ouvriers à entendre un meilleur langage que celui qu'ils allaient écouter dans certains clubs, et leur donner la connaissance et le goût des chefs-d'œuvre de notre littérature. Le vieux Corneille a obtenu devant le peuple un succès digne de son cœur et de son génie : la prédilection marquée du peuple pour Corneille fait honneur au peuple et à Corneille. Des professeurs, des hommes de lettres se sont fait inscrire parmi les lecteurs gratuits du peuple, avec autant d'empressement qu'on sollicitait autrefois la fonction richement soldée de lecteur du roi. C'est désormais une charge populaire dont on se fait honneur.

Les professeurs de plusieurs lycées de Paris et des départements, dans cet élan généreux qui nous entraînait tous alors, ont organisé des cours pour l'instruction des ouvriers : Cours

d'histoire, éléments de législation, enseignements scientifiques appliqués à l'industrie. Le lycée d'Orléans donna cet
exemple dès le commencement de mars. A Paris, nous devons
citer les leçons faites par les fonctionnaires du lycée Charle-
magne, et suivies par un grand nombre d'ouvriers.

Je ne parle que pour compléter cette énumération de l'ouverture d'un concours pour la composition de chants nationaux,
destinés aux fêtes publiques. Les séances de l'Orphéon nous
ont montré la puissance et la beauté des chœurs; la popularité
de nos hymnes révolutionnaires a montré tout ce qu'il existe
d'éléments actifs dans le chant national. Ce concours, pour
lequel je n'avais promis qu'une récompense honorifique, une
médaille de bronze décernée au nom de la République, a
néanmoins inspiré un grand nombre de bonnes compositions,
parmi lesquelles plusieurs ont été déclarées hors de ligne.

Je ne parle aussi que pour mémoire des économies réalisées
sur le budget de 1848. Elles se sont élevées, pour les huit
derniers mois seulement, dans l'administration des cultes, à
la somme de 700,000 francs; tout en maintenant une augmentation juste dans les traitements des ecclésiastiques les
plus âgés et les plus mal rétribués. Elles ont porté sur l'administration centrale, réduite d'une division, sur les acquisitions
et les constructions les moins urgentes, sur l'ajournement
d'un certain nombre de succursales et de vicariats qui devaient
être créés. Une division a été supprimée également à l'instruction publique; mais l'épargne qui en est résultée a dû être en
partie reportée sur les traitements des employés inférieurs,
plus faibles dans cette administration que dans aucune autre.
Quant à l'enseignement populaire, nul ne peut songer à faire
des économies sur le salaire des instituteurs, ou sur la
construction des maisons d'école. Dans les autres ministères,
les grandes réformes peuvent amener des réductions de dé-
pense; lorsqu'on accomplira ces grandes réformes dans l'instruction publique, ce sera probablement le contraire. Les
seules économies praticables en attendant peuvent être obte-
nues sur les dépenses du matériel, par la vie républicaine du
ministre; je les avais commencées, mon successeur les conti-

nuera. Il continuera aussi, je n'en saurais douter, et déjà il
en a donné des preuves, la répression de certains désordres et
de certains abus, plus graves que le désordre, dont quelques
uns même ont dû être poursuivis judiciairement.

Nous avons eu pour prédécesseur, sous le dernier règne, un
ministre incapable de fermer les yeux sur des actes d'impro-
bité, et qui a laissé, je me fais un devoir de le dire, des souvenirs
personnels fort honorables dans l'Université; j'ai témoigné
mon estime à ceux qui ont, devant moi, dès les premiers
jours, rappelé ces souvenirs. Mais M. de Salvandy avait des
habitudes de largesse qui cadraient mal avec la modestie du
budget affecté à son administration; aussi la République a-t-elle
reçu de ses mains tous les éléments d'une banqueroute.

La banqueroute était particulièrement imminente en ce qui
concerne les fonds de secours destinés aux gens de lettres. Sous
le régime des grands seigneurs, les artistes, les poëtes,
maltraités par la fortune, trouvaient leurs Mécènes, leurs
Médicis; sous la république, l'État seul doit être leur pro-
tecteur, parce que lui seul peut respecter l'indépendance et
la dignité personnelles. Je ne doute pas qu'un jour la
République ne se montre à cet égard plus grande que ne
le furent jamais les patriciens, les rois et les gentils-
hommes. Mais à l'heure où nous vivons, le ministre de l'instruction publique est le dispensateur de très chétives in-
demnités. Cependant mon prédécesseur, plus généreux que
prévoyant, avait ouvert une main si facile au début de l'année,
qu'indubitablement il eût fait banqueroute à ses pensionnaires.
Qu'on juge de l'embarras du nouveau ministre en présence
d'une caisse à peu près vide et de sollicitations d'autant plus
pressantes, que le commerce de la librairie et l'industrie des
théâtres étaient complétement suspendus, et que les hommes
de lettres font peu d'économies. J'ai longtemps exercé des
fonctions charitables; mais ici la misère m'apparaissait avec
un nouvel aspect, se cachant sous le châle et sous l'habit
noir. Combien ne nous a-t-il pas fallu d'industrie pour
réduire de 95,000 à 16.000 francs le déficit de la caisse des
secours, sans cependant cesser de venir en aide aux infortunes

les plus pressantes! Il y avait des abus; une révision générale
des pensions fut entreprise. Il fut décidé qu'aucune indemnité
fixe ne serait désormais concédée sans la publicité du *Moniteur*.
Mon désir était de transformer le plus grand nombre de ces
secours en salaires de travaux commandés par l'administration; ainsi me paraissait l'exiger la dignité des gens de lettres.

Dans tout cet exposé de ma conduite, qui comprend aussi
celle de mes collaborateurs, on a pu suivre une pensée,
constamment la même, la pensée de faire pénétrer dans les
cœurs l'amour des institutions que la France s'est données en
février. Tout ce que le ciel nous a accordé de force et d'intelligence, nous avons voulu le consacrer à ce but : l'éducation républicaine du pays.

Il ne pouvait nous suffire d'avoir jeté les bases de l'enseignement civique dans les écoles primaires, et d'avoir encou-
ragé les instituteurs à éclairer sur ses devoirs et ses droits la
population adulte; il ne pouvait nous suffire d'intéresser les
élèves de nos lycées aux événements contemporains par la
lecture du *Moniteur*, et de leur dévoiler nos traditions politiques par l'histoire de la révolution; il ne pouvait nous suffire
d'instruire les ouvriers, et de former leur goût par des leçons
et des lectures; il fallait un couronnement à cet édifice; il fallait fonder le haut enseignement politique, créer un foyer d'où
rayonnât sur toute la France la lumière républicaine.

Or, entre quelles mains était placé l'enseignement politique
sous la monarchie déchue?

À la Faculté, la chaire d'histoire moderne avait pour titu-
laire M. Guizot, la personnification la plus impopulaire du
système renversé en février.

À l'École de droit, un légiste doctrinaire, ami de M. Guizot,
était chargé de faire connaître les institutions constitution-
nelles.

Au Collége de France, trois professeurs : l'un, bien connu
par son zèle pour la restauration, et ne l'ayant jamais répu-
diée, enseignait le droit de la nature et des gens; un autre,
rédacteur du journal le plus conservateur de la monarchie,

professait en économie politique générale les systèmes de l'école anglaise et la théorie exclusive du libre échange; un autre enfin était depuis plusieurs années tenu par l'opinion publique éloigné de sa chaire de législation comparée.

Nous ne contestons le mérite d'aucun de ces professeurs; ils étaient excellents sans doute pour faire aimer et comprendre la royauté constitutionnelle. Mais, à cause de cela même, nous avons le droit de dire qu'ils étaient incompétents pour faire aimer et comprendre des doctrines opposées. Nul d'entre eux ne pouvait, sans renier son passé, prétendre à enseigner la politique républicaine.

Le premier, dont la chaire avait été brisée, aussi bien que le ministère, par la victoire du peuple, eut pour remplaçant l'auteur de notre histoire nationale la plus véritablement démocratique.

Le second avait lui-même si bien apprécié sa position, qu'il n'avait point reparu en France depuis la révolution, et n'avait donné aucun signe d'existence; il a même accepté, dit-on, à l'étranger des fonctions qui le privent de la qualité de Français. Sa chaire, mise régulièrement au concours, sera sans doute l'objet des plus hautes ambitions. Quelle plus noble vocation, en effet, que celle d'expliquer pour la première fois à notre jeunesse les devoirs et les droits établis par la constitution républicaine !

Quant au Collége de France, il fut l'objet d'un remaniement considérable.

Il s'agissait, nous l'avons dit, de constituer le haut enseignement politique. Où donc le placer si ce n'était au Collége de France?

Le Collége de France a de tout temps servi de foyer aux enseignements nouveaux. Ouvert par l'étude des langues anciennes qui a signalé l'époque de la renaissance, il a successivement donné l'entrée de ses chaires à l'étude des sciences et des lettres sous leur forme et dans leurs idées les plus nouvelles. Le Collége de France a toujours joui de priviléges particuliers : il relevait directement des rois, et son indépendance de l'Université lui permettait de se transformer selon les temps. Il se rattache donc d'une manière toute spéciale au pouvoir gouvernemental, et peut se modifier conformément aux connaissances nouvelles dont l'enseignement est reconnu nécessaire par l'État : c'est son caractère, c'est son importance propre.

Telles sont les raisons qui désignaient naturellement le Collége de France pour siége du haut enseignement politique.

A cette idée fondamentale une autre idée vint se rattacher accidentellement : celle de l'école d'administration.

Qui de nous n'a gémi sur l'insuffisance de notre personnel administratif et sur l'irrégularité de son recrutément? Tandis que pour exercer comme avocat ou comme médecin, pour arriver aux grades de l'armée, pour servir le pays comme ingénieur des mines ou des ponts et chaussées, il faut avoir constaté son aptitude par des examens, on peut obtenir la direction d'un département, la gestion des plus grands intérêts financiers, la responsabilité des affaires diplomatiques les plus graves, sans avoir fait aucune étude de l'administration, des finances ou de la politique. La faveur, la fortune, le hasard, conduisent et poussent dans ces carrières.

A plusieurs reprises, sous les dernières législatures de la monarchie, on a proposé de régler le recrutement et l'avancement dans les fonctions publiques. Ces propositions, toujours accueillies comme nécessaires, ont néanmoins toujours échoué parce qu'elles manquaient de base, et chacun le sentait. La véritable base devait être une école où se fît l'apprentissage de la science administrative. Sous le régime aristocratique, les traditions des grandes familles, où toutes les hautes fonctions étaient à peu près héréditaires, tenaient lieu de cet apprentissage. Mais aujourd'hui, dans un pays où le dogme de l'égalité ouvre la carrière à tout le monde, il faut que les moyens d'instruction soient mis à la portée de tout le monde, afin que les plus capables puissent se faire distinguer. L'école d'administration est donc une pensée toute démocratique.

Napoléon avait en quelque sorte placé cette école dans son Conseil d'état, par la création des auditeurs attachés aux diverses administrations et destinés à devenir eux-mêmes des administrateurs.

L'Allemagne possède dans ses universités des chaires consacrées à l'enseignement des sciences *camérales*, c'est ainsi qu'on y désigne celles qui se rapportent à l'administration; et nul ne peut aspirer à occuper des fonctions publiques sans avoir subi des examens spéciaux.

Cuvier, élevé dans la section de caméralistique à l'école Charles de Stuttgardt, en avait sans doute rapporté l'idée de fonder en France l'enseignement de la science administrative. Il en a laissé des traces dans plusieurs de ses travaux, et un projet d'organisation qui porte la date de 1820.

Nous-même nous avons reconnu l'importance de cet enseignement en le voyant à l'œuvre en Allemagne. Mais, conformément aux traditions de la révolution française, qui a créé les écoles spéciales, nous croyons qu'une école spéciale peut seule l'acclimater parmi nous.

Dès le 8 mars, nous avons sollicité et obtenu du Gouvernement provisoire un décret ainsi conçu :

« Une école d'administration, destinée au recrutement des diverses branches d'administration dépourvues jusqu'à présent d'écoles préparatoires, sera établie sur des bases analogues à celles de l'École polytechnique. »

Le principe posé, nous cherchâmes les meilleurs moyens d'en faire l'application.

Si aucune considération financière ne s'y fût opposée, nous aurions fondé une école avec son matériel et son personnel à part, comme l'École polytechnique; mais les nécessités économiques nous forcèrent de renoncer à ce premier plan.

C'est alors que nous songeâmes à placer sous les auspices du Collége de France cette création naissante jusqu'au jour où elle pourrait vivre de sa propre vie.

Le Collége de France offre une réunion des professeurs les plus distingués dans les divers ordres de la science. Nous eûmes assez de confiance dans leur dévouement pour leur demander de consacrer passagèrement un certain nombre de leçons à l'instruction de nos jeunes élèves.

Quant aux chaires nouvelles destinées à l'enseignement politique, elles ne durent pas avoir le caractère de généralité qu'en d'autres circonstances, et par une propension naturelle, nous aurions voulu leur donner. Au milieu du choc des différents systèmes, il nous eût semblé dangereux d'en adopter un exclusivement et de le faire professer au nom de l'État. Nous jugeâmes plus prudent et plus rationnel de borner l'enseignement de la politique et de l'économie sociale à l'exposé historique des diverses doctrines par lesquelles la science a passé jusqu'ici, et à l'étude des faits sur lesquels se règle l'administration des sociétés. De là le remplacement de la chaire de droit naturel par plusieurs chaires de droit français, de droit international, de droit privé, de droit criminel. De là le remplacement d'une seule chaire de théorie économique par plusieurs chaires traitant des lois morales et matérielles de la population, de l'économie générale des finances, du commerce, de l'agriculture, des métiers et manufactures et des travaux publics. Le mot de statistique fut alors employé pour caractériser ces diverses branches de la science politique et administrative. Cette expression était prise dans le sens que lui donne l'Allemagne, où l'on désigne ainsi, non pas un tableau de chiffres comparés, comme chez nous, mais une sorte d'anatomie du corps social nécessaire pour l'application du Gouvernement.

Une école d'économistes a protesté contre la suppression de la chaire d'économie politique générale. Rien de plus naturel. Cette école, par la chaire dont il s'agit, était en possession exclusive du droit d'enseigner ses principes dans le plus célèbre collége de l'État; et c'est précisément ce monopole qu'il ne fallait pas continuer. Non seulement il ne convenait pas au ministre de l'instruction publique de faire professer les doctrines de l'Angleterre dans la seule chaire d'économie politique qu'il y eût en France; mais nous n'ignorions pas qu'outre les dangers inhérents à ces fallacieuses doctrines de liberté, il y avait d'autres doctrines, non moins dangereuses, qu'elles produisaient en quelque sorte comme contre-coup. Le socialisme, on le sait, est né parmi nous d'une réaction naturelle contre les excès de

cette économie politique trop individualiste. La répulsion sou-
levée par les erreurs d'un système a suffi pour précipiter les
esprits jusque dans les erreurs d'un autre. En tous cas, l'État
n'ayant point adopté le libre échange comme sa religion économique, il eût été juste et impartial de placer à côté de la
chaire du libre échange une chaire pour l'école de la protection, et d'autres chaires pour les diverses écoles socialistes.

Or je ne voulais pas plus le chaos et l'anarchie que le monopole. C'est pourquoi j'ai adopté une autre pensée. J'ai voulu
qu'aucun système absolu ne fût enseigné au nom de l'État, et
que l'on se bornât à faire l'histoire des divers systèmes. C'é-
tait le seul moyen de tenir une balance aussi équitable que
possible, tout en réussissant à mettre les jeunes esprits en
garde contre la déception des idées exclusives.

Si quelques personnes ont osé attribuer la suppression de
la chaire d'économie politique générale à des sentiments d'hos-
tilité contre le professeur, nous les renvoyons au professeur
lui-même, qui se chargera, nous n'en doutons pas, de réfuter
ces odieuses et mesquines suppositions.

Tout n'était pas fini cependant. En même temps que j'écar-
tais l'enseignement officiel des doctrines absolues, j'entendais
assurer à tous les systèmes la faculté de se produire au grand
jour sans autre contrôle que celui d'une police morale, et je
préparais la création d'un *athénée libre*.

C'est encore l'Allemagne que j'avais consultée pour cela, et
particulièrement l'institution aujourd'hui assez connue parmi
nous des *privat docent*. Après la révolution de février, une foule
de personnes plus ou moins notables s'adressèrent à moi et me
demandèrent de leur ouvrir les amphithéâtres du Collège de
France, de la Sorbonne, des écoles de droit et de médecine,
pour y faire des cours publics. Je crus devoir user avec une ex-
cessive réserve de mon droit ministériel à cet égard, peut-être
avec trop de réserve pour n'avoir pas suscité bien des mécon-
tements. Mais je devais tenir grand compte du déplaisir que ces
introductions étrangères causent aux professeurs titulaires. Il
m'eût d'ailleurs semblé fort anarchique d'autoriser côte à côte

avec l'enseignement régulier un autre enseignement qui eût été peut-être la réfutation du premier. Le même inconvénient n'existait plus dès qu'il s'agissait d'un local différent, connu pour être l'asile d'un professorat tout à fait libre. L'enseignement supérieur comporte cette liberté, puisqu'il s'adresse à des hommes déjà formés et capables de choisir entre l'erreur et la vérité.

D'autres avantages m'apparaissaient encore dans l'existence d'un athénée libre. Il répandrait des idées nouvelles qui demeurent peut-être ensevelies faute d'une voix et d'un théâtre; il fournirait à de jeunes talents l'occasion de se produire, et si le public les adoptait, le ministre pourrait parfois sanctionner cette espèce d'élection populaire et la faire entrer en concurrence avec l'agrégation régulière.

Cette pensée n'était point restée sans réalisation. Un amphithéâtre avait été préparé par nos soins dans l'ancienne salle de spectacle de l'Élysée. Le mobilier était placé, plusieurs professeurs désignés; quelques jours encore, et les cours allaient commencer lorsque j'ai quitté le ministère. Je ne devais pas me borner là : mon intention était d'ouvrir pour l'hiver, d'autres salles dans d'autres quartiers.

Je reviens au Collége de France.

On a blâmé l'attribution de quelques chaires nouvelles faite à des membres du Gouvernement. Je vais dire pourquoi ces chaires furent proposées et acceptées.

Elles le furent d'abord parce qu'il importait que le Gouvernement donnât un témoignage éclatant de son intérêt à la nouvelle école d'administration; nous n'avions pas oublié que des membres illustres de nos assemblées politiques avaient tenu à honneur de faire des cours à l'École polytechnique et à l'École normale, et que le général en chef de l'armée d'Italie venait assister aux expériences du laboratoire.

Un second motif, que je ne veux pas dissimuler, fut d'imposer silence à des sollicitations, légitimes peut-être, mais qu'il fallait prendre au moins le temps d'apprécier. Avant de faire des choix définitifs, il était bon que les postes fussent occupés par des hommes dont le nom faisait taire toute concurrence et auxquels chacun tiendrait à honneur de succéder.

Car les nouveaux professeurs, en acceptant ou en sollicitant, ce dont je les loue hautement, la gloire d'inaugurer l'enseignement politique au Collége de France, avaient déclaré n'accepter ces chaires que parce qu'elles étaient gratuites, se réservant d'ailleurs de prendre un parti lorsque l'Assemblée s'occuperait de réglementer la nouvelle institution.

Ces sentiments honorables n'ont pas été bien compris : je le regrette seulement pour ceux qui n'ont pas voulu les bien comprendre.

Quels que soient en définitive les professeurs du nouvel enseignement, ils répandront des connaissances administratives qui manquent à presque toutes les éducations et qui devraient en faire partie. Si l'école d'administration est un jour détachée du Collége de France, ces cours conserveront leur utilité.

Quant à l'école elle-même, voilà sa situation.

Pour mettre à exécution le décret du 8 mars, pour en obtenir plus tôt des résultats, nous avons ordonné de procéder sur-le-champ à des examens à Paris et dans les départements. Le succès de ces examens a dépassé nos espérances. Neuf cents concurrents se sont fait inscrire, cent cinquante ont été admis, et forment une promotion que tous les rapports adressés au ministre présentent comme égale aux plus brillantes de l'École polytechnique. Ces jeunes gens sont rassemblés provisoirement et très républicainement dans les salles de l'ancien collége Duplessis. Ils sont tenus de suivre les cours du Collége de France, répétés ensuite et commentés par des maîtres de conférence. Cette organisation est calquée sur celle de l'École normale.

Tout cela a pu se faire promptement, grâce à beaucoup de zèle; tout cela a pu se faire sans grever le budget de l'État, grâce à beaucoup de désintéressement. Des hommes honorables ont bien voulu me prêter leur concours ; qu'ils me permettent de leur en témoigner publiquement ma reconnaissance. M. de Sénarmont, ingénieur des mines, avait accepté temporairement le titre de directeur des études, afin d'employer à l'organisation des examens de la nouvelle école l'expérience qu'il avait acquise comme examinateur de l'École polytechnique; M. Le Play, également ingénieur des mines, dont la modestie se plaindra sans doute de la publicité que je donne à son dévouement, a surmonté, avec autant d'habileté que de persévérance, les obstacles que rencontre toujours un établissement nouveau; MM. Guigniault, Barthélemy Saint-Hilaire, Lamé, Combes, Transon, Ampère, Franck, Vieille, Rapetti, Catalan, etc., ont bien voulu accepter et remplir les délicates fonctions d'examinateurs; MM. Souvestre, Blanche, Deville, Izarn, Lamache, etc., celles de maîtres de conférence.

Nous n'avons pas craint que l'on nous fit reproche d'avoir voulu engager l'Assemblée nationale par l'œuvre du Gouvernement provisoire; elle demeure complétement libre. Mais nous espérons qu'elle voudra réaliser une pensée dont beaucoup d'hommes d'État se sont préoccupés, créer une institution éprouvée dans d'autres pays, et qui ne peut manquer d'élever considérablement le niveau de notre personnel de fonctionnaires dans la diplomatie, dans l'administration centrale, et dans les administrations départementales.

Quant aux jeunes gens que leurs succès dans les examens ont appelés à former le premier noyau de l'école, l'État, quelle que soit sa résolution définitive, voudra tenir sa parole envers eux, et leur ouvrir l'accès des services publics, qui ne pourront que gagner à de pareilles acquisitions.

Je crois avoir consciencieusement énuméré les principaux actes de mon administration, et n'avoir déguisé aucun de leurs motifs; mes intentions d'avenir seront aussi connues que mes actes eux-mêmes; tout lecteur impartial est en mesure de me juger.

Quant à ma ligne politique, personne n'a jamais pu s'y tromper. J'ai notoirement appartenu à la fraction la plus modérée du Gouvernement provisoire. Aussi, le parti qui s'attribue aujourd'hui le monopole de la modération me témoignait-il beaucoup de sympathie; il me comblait des confidences les plus amicales et ne songeait pas du tout aux circulaires et aux Manuels républicains.

Je n'étais pas tout à fait aussi favorisé dans le parti contraire, et lorsque la commission exécutive se forma, tout en m'offrant de conserver le portefeuille de l'instruction publique, on songea par compensation à renforcer auprès de moi l'élément révolutionnaire. Jean-Reynaud, à qui l'on attribuait des opinions plus ardentes, peut-être à cause de son attitude plus vive, me fut proposé comme sous-secrétaire d'État. Je connaissais la modération réelle de ses principes; il connaissait la fermeté des miens : nous rîmes ensemble du rôle qu'on prétendait lui assigner. Bien qu'un sous-secrétaire d'État fût fort inutile à l'instruction publique, j'acceptai de grand cœur une collaboration dont je savais le prix, mais j'eus beaucoup de peine à vaincre les répugnances de Reynaud. J'insistai ; je lui fis voir que sa position nouvelle lui donnerait plus d'autorité auprès de l'Assemblée pour défendre les actes auxquels il aurait participé. Il n'accepta qu'à la condition de demeurer complétement étranger à l'administration proprement dite; il conserva sous un nouveau titre, et sans vouloir d'appointements, les attributions qu'il avait eues jusqu'alors comme président de la haute commission des études.

Rien ne fut donc changé dans l'ordre de nos travaux. Charton, qui avait cru devoir donner sa démission de secrétaire général lorsqu'il avait été nommé représentant, demeurait auprès de nous avec ses bons conseils dans les affaires les plus délicates. Sa fonction officielle, avec la signature, était déférée à un chef de division.

Cependant quelques voix amies m'avertissaient qu'au milieu des démonstrations affectueuses dont j'étais l'objet, il se formait contre moi une coalition de deux opinions naguère fort ennemies l'une de l'autre. Des concessions réciproques avaient été faites, disait-on, et le ministère de l'instruction publique devait en être le prix ; je dis le ministère et non pas le ministre, car on m'insinuait en vain que des rancunes politiques d'un autre âge étaient ameutées contre le nom que je porte : je ne l'ai pas cru, moi qui n'ai jamais trouvé tant de mémoire dans l'héritage paternel; je n'ai pas cru non plus à des inimitiés personnelles, parce que je n'avais rien fait pour les mériter. Mais j'ai cru, et je crois encore, à une entente cordiale des partis peu sympathiques pour l'opinion républicaine, lorsqu'il s'agissait d'éloigner le seul des ministres demeuré constamment debout depuis les barricades de février.

Après les cruelles journées de juin, le général Cavaignac, chargé du pouvoir exécutif, s'occupa de constituer son ministère. Je devais en faire partie. Les arrangements étaient près de se terminer, quand plusieurs membres de la réunion coalisée vinrent me trouver, et m'annoncèrent que leurs amis politiques étaient décidés à se rallier au gouvernement nouveau, pourvu que je n'en fisse point partie; ils m'invitèrent, dans l'intérêt de ce gouvernement, à me tenir à l'écart, ajoutant que le général Cavaignac se regardait comme engagé à mon égard, et que je pouvais aplanir toute difficulté en lui rendant sa parole.

Je répondis à ces messieurs que je ne reconnaissais aucune valeur à des engagements personnels de ce genre devant un intérêt public; que le général Cavaignac était parfaitement libre de ne point donner suite à une simple proposition; mais que si ma retraite était jugée nécessaire, je ferais mes efforts pour qu'elle ne diminuât en rien la force de mes opinions dans le nouveau cabinet.

J'exposai, en effet, la situation devant mes collègues; je déclarai au président du Conseil que s'il avait pu se croire un moment lié envers moi, je me faisais un devoir de le dégager. Le général, prévenant alors ma pensée, s'écria que si je quittais le ministère, je devais y être remplacé par un homme qui représentât à la fois et mes opinions politiques et la direction que j'avais donnée à l'instruction publique.

Nous agitâmes plusieurs noms. Celui de l'un des plus honorables membres de l'Assemblée parut être agréé. Aussitôt, M. Goudchaux et moi, tous deux liés avec lui, nous sortîmes pour lui porter cette nouvelle. Notre mission n'était pas encore remplie, lorsque je fus rappelé au Conseil. Le président me dit : Ne cherchez point de successeur; je désire que vous conserviez le portefeuille de l'instruction publique. Il ne me convient pas de faire une concession à un parti qui veut décimer les républicains.

Tels sont les faits qu'on a plusieurs fois dénaturés.

Jean-Reynaud avait donné sa démission comme tous les membres de l'ancien cabinet. Le décret sur les incompatibilités ne lui permettait point de faire partie du nouveau. Sa position d'ailleurs ne changea pas plus que la première fois : il continua ses fonctions de président de la haute commission des études.

Je devais m'attendre à voir la bataille se renouveler prochainement. Quant au pouvoir en lui-même, il m'en coûtait peu de le quitter pour retourner à mes habitudes de famille, à mes travaux littéraires interrompus avec regret; mais je voulais terminer, pour le laisser après moi, le décret sur l'instruction primaire. Ce décret, qui n'était que le premier terme de la série de lois que nous avions déjà ébauchées sur l'ensemble de l'instruction publique, forme à mes yeux, avec le suffrage universel, le rempart inexpugnable des institutions républicaines. Mon projet ayant enfin été déposé, j'attendis l'abordage de mes adversaires avec un calme parfait.

En bons tacticiens, ils ne m'attaquèrent point sur l'ensemble de mon administration. J'eus beau chercher à les attirer sur ce terrain, ils le refusèrent. Mais ils avaient découvert un petit livre dont j'ai parlé dans le cours de ces pages, livre que j'avais complétement oublié, quoiqu'il eût été publié autrefois sous les auspices du ministre de l'instruction publique. Ce livre contenait, en effet, quelques phrases mal sonnantes. Il fut aisé de les mettre en saillie devant une assemblée qui ne connaissait pas le reste, et de lui faire croire que l'ouvrage entier était rempli de pareilles phrases. C'est ainsi que l'on fit passer pour communiste un travail très opposé au communisme, ce que les auteurs de l'accusation devaient savoir parfaitement.

Ce qu'ils savaient parfaitement encore, c'est, qu'en temps ordinaire, un ministre ne peut pas lire la dixième partie de ce qu'il signe, à plus forte raison de ce qu'on imprime sous ses auspices. Que se passe-t-il donc en temps de révolution?

Il m'eût été facile, on le voit, de désavouer le *Manuel républicain*. Mais un pareil système de défense ne convenait pas à ma dignité, en présence d'adversaires qui me cherchaient une querelle de détail, comme on attaque une citadelle par le côté obscur que l'on croit le moins surveillé. Je me bornai à dire, fort de ma confiance dans l'auteur, que ce manuel ne devait rien contenir de répréhensible dans ses tendances générales. Depuis ce temps, en effet, je l'ai lu; j'y ai trouvé des expressions à blâmer, mais une morale irréprochable. On disait aussi qu'il avait été destiné à la lecture des enfants : c'était faux.

Le résultat du vote, au fond, m'importait peu. Il m'importait peu que la citadelle fût évacuée, assuré que j'étais qu'elle ne tomberait pas aux mains de l'ennemi; mais il m'importait de faire connaître au pays le véritable caractère de mon administration. C'est ce que je fis dans un résumé dont l'exposé qu'on vient de lire est le développement.

Nos adversaires avaient profité d'un moment où les bancs républicains étaient moins garnis que de coutume. Ils obtinrent une majorité de 11 voix; eût-elle été du double en sens inverse que j'étais fort décidé à me retirer.

Quand je déposai ma démission entre les mains de Cavaignac, il me dit de son accent ferme et loyal : « Vous serez » remplacé par un ministre qui marchera sur la même ligne, » ou je me retire avec vous. » Il a tenu parole.

J'ai donc confiance dans la direction actuelle de l'instruction publique, et je la soutiendrai de tous mes efforts, heureux d'ailleurs de n'avoir plus une responsabilité qui a pesé sur ma tête pendant quatre mois et demi.

J'ignore si, parmi ceux qui m'en ont débarrassé, il en est qui la désirassent pour eux-mêmes : pauvres envieux, plus aveugles encore!

Quoi qu'il en soit, je les remercie, non pas du repos qu'ils m'ont procuré, il n'y a guère de repos pour les citoyens dévoués, dans un temps comme le nôtre, mais surtout parce qu'ils m'ont donné une occasion de plus d'estimer le cœur humain. Pendant mes journées de pouvoir, j'avais vu bien des petitesses morales; mais depuis que j'en suis sorti, j'ai vu des traits honorables plus nombreux encore.

A côté des témoignages de regret du corps enseignant, qui m'ont profondément touché, j'ai vu venir à moi avec des preuves d'affection et de sympathie des hommes dont le nom m'était complétement étranger. Les courtisans du revers ont été plus empressés peut-être que ceux du succès.

L'époque que nous venons de traverser ne saurait être comparée à aucune autre, pas même à celle qui suivit la Révolution de juillet.

Les ministres passaient une grande partie de leurs journées à l'Hôtel-de-Ville ou au Luxembourg; appelés à toutes les délibérations du Gouvernement provisoire, associés à l'honneur comme au péril de ses travaux, ils ont le droit aujourd'hui d'en partager la responsabilité. Là, on discutait les grands intérêts de l'État, la loi électorale et la réunion de l'Assemblée constituante, entre les vociférations de la rue et les intrigues sournoises des partis, sans cesse menacé d'avoir à défendre sa réputation de citoyen et d'honnête homme ou sa propre personne physiquement, et sans cesse occupé à empêcher la première goutte de sang de couler, car elle en eût entraîné des torrents.

C'est ainsi qu'on vivait à l'Hôtel-de-Ville et au Luxembourg.

Revenus chez eux, les ministres avaient à combattre une armée de solliciteurs, apportant des sommations presque aussi souvent que des prières; et une autre armée de faiseurs de projets, plus exigeante encore peut-être; il leur fallait résister à ceux qui reprochaient de tout changer, à ceux qui reprochaient de tout conserver.

Voilà comment on vivait dans les ministères.

Au milieu de tout cela, n'est-ce pas quelque chose que d'avoir pu d'une main soutenir ce qui devait rester debout, réformer de l'autre, en partie du moins, ce qui devait changer; et maintenir pourtant assez de calme pour la continuation des études, compromettre assez peu d'intérêts pour laisser après soi quelques bons souvenirs?

En vérité, lorsque je récapitule les pages que je viens d'écrire, j'ai l'orgueil de croire que ces quatre mois de ma vie ont été bien employés, que j'ai loyalement et réellement servi mon pays, et que j'aurai un jour le droit de dire à mon père que j'ai transmis honorablement son nom à mes enfants.

FIN.

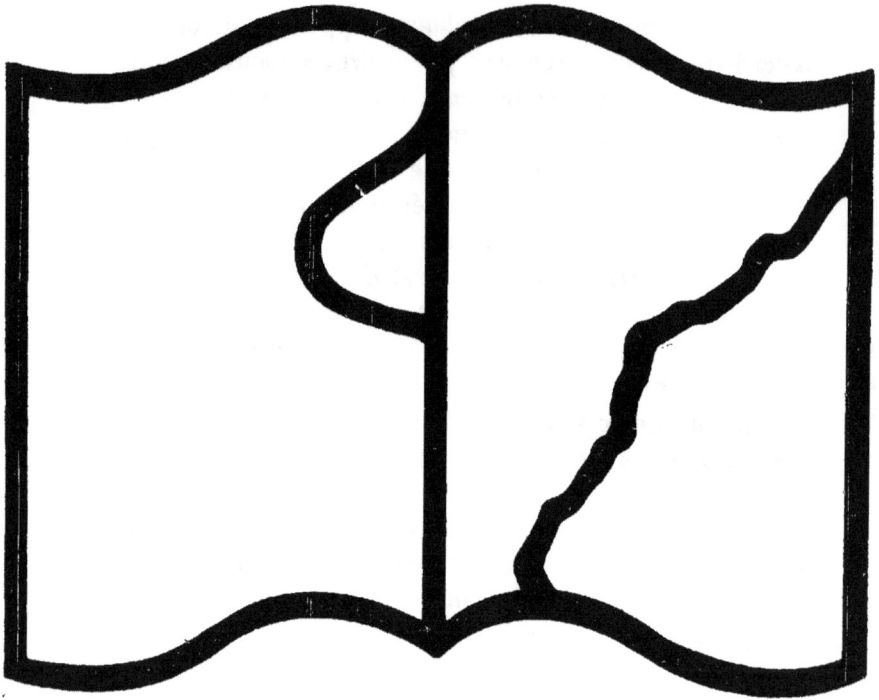

Texte détérioré — reliure défectueuse

NF Z 43-120-11

www.ingramcontent.com/pod-product-compliance
Lightning Source LLC
Chambersburg PA
CBHW070935280326
41934CB00009B/1888